MW01609481

Dino Buzzati

Bàrnabo delle montagne

Introduzione di Claudio Toscani

Arnoldo Mondadori Editore

© Copyright 1979 Arnoldo Mondadori Editore S.p.A., Milano

I edizione Scrittori italiani e stranieri 1979
I edizione Oscar Scrittori del Novecento settembre 1994

ISBN 88-04-39190-1

Questo volume è stato stampato
presso Arnoldo Mondadori Editore S.p.A.
Stabilimento Nuova Stampa - Cles (TN)
Stampato in Italia - Printed in Italy

Introduzione

Valle delle Grave, borgo San Nicola, Casa dei Marden.

«Da quel punto partivano cinque sentieri che si addentravano nella foresta. Il primo scendeva giù per la valle verso San Nicola e a poco a poco diventava una vera strada. Gli altri quattro salivano fra i tronchi, sempre più incerti e sottili, fino a che non rimaneva più che il bosco, con gli alberi secchi rovesciati per terra e tutte le sue vecchissime cose. E sopra, a Nord, c'erano le bianche ghiaie che fasciano le montagne.»

Diciamocelo ancora una volta: il "fantastico" di Buzzati altro non è se non un tenue filtro davanti all'obiettivo che separa la realtà dalla sua rappresentazione narrativa. Tutti potremmo essere stati in quel punto dai cinque sentieri. Nessuno in particolare c'è passato mai.

Diciamocelo ancora una volta: il "fantastico", per Buzzati, è darci il mistero come un fatto di cronaca e il fatto di cronaca come un mistero.

Ai guardiaboschi che hanno il loro rifugio nella casa dei Marden ai piedi dei monti di San Nicolò, è affidato il compito di vigilare tutto il circostante territorio. Dopo che il progetto di una strada tra fondovalle e rilievi è stato da tempo accantonato, il luogo è anche più isolato e impervio. Di relativamente serio c'è solo la vecchia polveriera. I giorni, dunque, passerebbero monotoni e uguali, e il vecchio Marden potrebbe raccontare tutte le sue storie, se non vi fossero i radi ma cruenti assalti di banditi che, intervallando misfatti compiuti altrove, giungono sino al deposito dell'esplosivo per farsene scorta. Recentemente, i briganti hanno addirittura ucciso il capoguardia Antonio Del Colle. Nell'occasione dell'ultima sortita dei fuorilegge, la dura ma tranquilla vita di Bàrnabo, il più giovane dei guardiaboschi, viene terribilmente sconvolta. Anziché aiutare i compagni da un attacco alla polveriera, Bàrnabo diserta il confronto e, preda di un attacco di paura, vigliaccamente abbandona il luogo della sparatoria. Nessuno lo può salvare da una giusta e pesante punizione: dovrà lasciare, infatti, disonorato, il corpo dei guardiaboschi e le sue amate montagne. Inizia per Bàrnabo un disgraziato periodo di vita, anche se ha trovato asilo nella casa di certi suoi cugini di pianura. Gli fa compagnia una cornacchia che, al momento della cacciata dal piccolo regno dei larici, degli abeti e dei mille animali del bosco, lo ha seguito fino a valle. Nel cuore di Bàrnabo, dove a tutta prima s'erano insediati rimpianto e ricordo della viltà commessa, succede una certa ricomposizione di coscienza. Ha sbagliato, ha pagato, sta ancora pagando. Quando però, dopo cinque anni, il vecchio collega Bertòn lo raggiunge nella casa dei cugini, ma forse più puntutamente nei recessi della rimozione, allora Bàrnabo decide di far ritorno alla casa dei Marden dagli antichi compagni. Lo muove la speranza di ritrovar lavoro fra loro e, soprattutto, quella di riabilitarsi affrontando e uccidendo i briganti alla loro prossima, e promessa, calata. Bàrnabo si fermerà nella casa abbandonata, solo, accettando l'ormai trascurabile posto di custode a una polveriera di prossima soppressione, e sopportando pure un atroce scherzo dei compagni. Solo, ma con la nascosta e già intimamente gloriosa aspettativa del riscatto. Viene il giorno, viene l'ora che i briganti calano alla bicocca dei Marden e Bàrnabo, che freddamente ha caricato il suo fucile e pazientemente li ha attesi, già si è messo al sicuro e li sta inquadrando infine nel suo mirino. Se fa fuoco, nessuno di loro può salvarsi, ormai. Sono quattro i briganti e si tratterà di un attimo. Ma la valle, i canaloni, le precipite picchiate di roccia non rimanderanno nessuna eco di spari. Bàrnabo guarda attraverso il piccolo ugello di ferro del fucile i quattro malcapitati sotto tiro, ma non vede le feroci e sanguinarie facce che si era atteso. Davanti a lui, quattro vecchi, laceri, patiti e rassegnati vagabondi della montagna, ispirano più pietà che vendetta. In un istante Bàrnabo sente che il tempo, scavando quei quattro volti smagriti e smarriti, ha scavato pure una distanza infinita tra la sbrigativa giustizia del suo fucile e la inattaccabile giustizia del suo superiore perdono.

Non aveva molto, dietro le spalle, Buzzati, prima di scrivere *Bàrnabo delle montagne*: qualche esercitazione scolastica, un poemetto in versi sciolti di soggetto esotico (e precisamente su Anubi, divinità funeraria dell'antico Egitto), alcuni racconti montanini tra geni e folletti, una storia alla Poe rifiutata dalla «Domenica del Corriere». Con *Bàrnabo*, che è da considerarsi un archetipo creativo, e non solo l'opera prima di Buzzati, l'autore dà una prova rivelatrice di favolismo morale che distinguerà poi la quasi totalità della sua fatica, ponendola a capostipite di tutta una linea narrativa del sogno, dell'incubo, dell'"altrove". Estraneo a cenacoli, a credi estetici, a manifesti o petizioni di poetica (prima, durante e dopo il fascismo, periodo che ha abitato fisicamente e intellettualmente e pur sempre come apprezzato giornalista e reporter, ma che ha ideologicamente attraversato come uno straniero imbattutosi in un obbligatorio soggiorno in casa d'altri), Buzzati confessa nella sua pagina, a cominciare proprio da *Bàrnabo*, radici in un immaginario infantile: quello delle esperienze assolute, delle paure e delle fascinazioni inconsce e remote, degli entusiasmi e dei sogni derivati, semmai, dai racconti nordici di saghe e leggende.

Del "rondismo" operante lungo tutta la fascia degli anni Venti e Trenta (*Bàrnabo* esce nel '33); del supremo esercizio di stile e della formale castità delle pagine a firma dei vari Baldini, Cecchi, Cardarelli, a Buzzati non serve quasi nulla. Un calloso tirocinio giornalistico gli dà quanto gli occorre. Il suo comandamento è quello di "raccontare le cose nel modo più semplice possibile, più evidente possibile, più drammatico o addirittura più poetico possibile", esprimendosi con chiarezza, togliendo aggettivi e avverbi inutili, evitando prolissità, procedendo senza enfasi e controllando al massimo il "diluvio sentimentale". Buzzati è in angolo, si direbbe, nel panorama letterario dell'ora, ma non è solo: con il suo racconto fantastico si porta immediatamente sul del resto già lungo e popolato cammino di una letteratura che, quanto meno, dallo scapigliato Tarchetti conduce, attraverso il primo Govoni, l'"incendiario" Palazzeschi e il Bruno Corra di *Sam Dunn è morto* (1914), al Pirandello della dialettica tra realtà e finzione, al "magico" Bontempelli, al metafisico Savinio, e verso i nomi nuovi del nostro Novecento, primo fra tutti Antonio Delfini. A chi lo interroga sui frangenti della sua narrativa, Buzzati cita Andersen e i Grimm, la meraviglia antropomorfica delle loro visioni, delle loro avventure.

Molti sono gli scrittori titolari di un'opera prima ben presto dimenticata, o da loro stessi, o dal pubblico. Buzzati comincia con *Bàrnabo delle montagne* (tutto Buzzati comincia da qui), e il libro — primogenito letterario sempre amato – rimane nel contesto dell'opera buzzatiana come un indicatore di temi nonché di elementi espressivi e di linguaggio per quasi tutti i lavori successivi: una riserva, una disponibilità, una scorta di portanti fattori narrativi, dalla magia dei luoghi alla partecipazione per cose e persone descritte; dal senso del tempo che trascorrendo origina il sentimento dell'attesa e sottolinea il fallimento o il riscatto (e qui il riscatto dopo il fallimento o, a ben vedere, qualcosa che sembra un fallimento ed è invece un riscatto), alla rappresentazione degli spazi tra lucido disegno e colorismo fantastico; dalle situazioni di poesia (tra prediletto confronto col mistero, incombenza del reale, sentimento romantico, gioco del destino e dell'imprevisto) alle "stazioni" della mitologia personale.

Paesaggio e simbolo si corrispondono, sono una indissolubile treccia nel tessuto del racconto, un dualismo non antagonistico, un principio d'ordine morale che tiene assieme i temi della colpa e del rimorso, del dovere e della paura, dell'errore e del dolore. Così pure si corrispondono la voglia di vendicarsi e l'inutilità della vendetta, la meticolosa preparazione della rivincita e la presa di coscienza della sua inconsistenza.

Paesaggio e simbolo, abbiamo detto: quasi natura e anima. Perché all'attimo di omissione morale del Bàrnabo che non interviene ad aiutare i compagni, succede il tempo lungo della penitenza e della pena. Poi, nel ripresentarsi dell'occasione, il racconto si affida al silenzio sovrastante l'imminenza di un dramma che non deflagrerà. Il racconto non toccherà la nota grave dell'odio portato all'estrema conseguenza, ma la quasi andante, se non proprio allegra, canzone di un cuore liberato, sereno. Un'anima che si redime, dunque, ma in contesto a una natura capace di giungere al fondo del cuore con quella sua, non solo nominale, ma reale e surreale bellezza.

S'è detto del romanzo di Bàrnabo come di un primo e persistente *specimen* della narrativa buzzatiana. Che altro è la frase tra impersonale e d'autore implicito che dice: «...è che tutti vivono così come se da un'ora all'altra dovesse arrivare qualcuno; non l'assalto di un nemico, ma qualcuno, sconosciuto; non si può dire chi»? È proprio Bàrnabo, infatti, a provare per primo, tra i personaggi buzzatiani, il sentimento dell'attesa, a sperimentare che significhi attendere, non tanto un cosa o un chi, ma semplicemente attendere.

Ed è ancora lui a inaugurare l'esperienza del tempo come strano regista della vita. I suoi segni sono discreti, leggeri e sbadati, anche, ma irrevocabili. Spesso subdoli («Soffia il vento della sera, portando via un'altra giornata [...] Senza che nessuno ci faccia caso, il tempo continua a passare»).

Quando il sole del giorno dopo torna a illuminare le crode, niente è accaduto. Non che ciò destituisca di senso le decisioni degli uomini, e di Bàrnabo in particolare, ma il mondo resta intatto di fronte a ciò che può di nuovo essere scelto perché di nuovo accada o non accada.

E quando Bàrnabo prende la decisione di non uccidere, ma perdonare, la sua superiorità morale prende quota sull'inatteggiata presenza della natura. Anticipando l'opera del tempo con quella della pietà, Bàrnabo si sottrae alla dissoluzione di sè e delle sue azioni nel tempo cronologico delle vicissitudini umane. Il suo comportamento lo tiene sicuramente più in alto nel nostro giudizio e più a lungo nel nostro pensiero.

Claudio Toscani

Bibliografia delle opere

Narrativa e poesia

Bàrnabo delle montagne, romanzo, Milano-Roma, Treves-Treccani-Tumminelli, 1933.
Il segreto del Bosco Vecchio, romanzo, ivi, 1935, poi Milano, Garzanti, 1957 in un unico volume con *Bàrnabo delle montagne*.

Il deserto dei Tartari, romanzo, Milano, Rizzoli, 1940.

I sette messaggeri, racconti, Milano, Mondadori, 1942.

La famosa invasione degli orsi in Sicilia, libro per ragazzi illustrato, Milano, Rizzoli, 1945.

Il libro delle pipe, in collaborazione con G.Ramazzotti, Milano, Antonioli, 1945.

Paura alla scala, racconti, Milano, Mondadori, 1949.

In quel preciso momento, note, appunti e racconti, Vicenza, Neri Pozza, 1950.

Il crollo della Baliverna, racconti, Milano, Mondadori, 1957.

Sessanta racconti, scelta da raccolte precedenti con inediti o rari, Milano, Mondadori, 1958.

Le storie dipinte, a cura di Mario Oriani e Adriano Ravegnani, Milano, all'insegna dei Re Magi, 1958.

Esperimento di magia, racconti, Padova, Rebellato, 1958.

Il grande ritratto, romanzo, Milano, Mondadori, 1960.

Egregio Signore, siamo spiacenti di...(con illustrazioni di Sinè), Milano, Elmo, 1960; poi, con il titolo *Siamo spiacenti di...*, Milano, Mondadori, 1975.

Un amore, romanzo, Milano, Mondadori, 1963.

Il capitano Pic e altre poesie, Vicenza, Neri Pozza, 1965.

Scusi da che parte per Piazza Duomo?, Milano, Alfieri, 1965 (introduzione in versi).

Tre colpi alla porta, poema satirico, «Il caffè», n. 5, 1965.

Il colombre, racconti, Milano, Mondadori, 1966.

Presentazione a *L'opera di Bosch*, Milano, Rizzoli, 1966.

Due poemetti, poesie, Vicenza, Neri Pozza, 1967;

Prefazione a W. Disney, *Vita e dollari di Paperon de' Paperoni*, Milano Mondadori, 1968.

La boutique del mistero, racconti, Milano, Mondadori, 1968.

Prefazione a R. James, *Cuori Strappati*, Milano, Bompiani, 1967.

Poema a fumetti, Milano, Mondadori, 1969.

Le notti difficili, Milano, Mondadori, 1971.

I miracoli di Val Morel, Milano, Garzanti, 1971.

Prefazione a *Tarzan delle scimmie*, Firenze, Giunti, 1971.

Cronache terrestri, servizi giornalistici, a cura di Domenico Porzio, Milano, Mondadori, 1972.

Congedo a ciglio asciutto du Buzzati, inediti, a cura di Guido Piovene, «Il Giornale», 30 ottobre 1974.

Romanzi e racconti, a cura di Giuliano Gramigna, Milano, Mondadori, 1975.

I misteri d'Italia, Milano, Mondadori, 1978.

Teatro, a cura di Guido Bonino, Milano, Mondadori, 1980.

Dino Buzzati al Giro d'Italia, a cura di Claudio Marabini, Milano, Mondadori, 1981.

Le poesie, a cura di Fernando Bandini, Vicenza, Neri Pozza, 1982.

180 racconti, a cura di Carlo Della Corte, Milano, Roma-Napoli, Theoria, 1984.

Il reggimento parte all'alba, con note di I. Montanelli e G. Piovene, Milano, Frassinelli, 1985.

Lettere a Brambilla, a cura di Luciano Simonelli, Novara, De Agostini, 1985.

Il meglio dei racconti, a cura di Federico Roncoroni, Milano, Mondadori, 1990.

Le montagne di vetro, a cura di Enrico Camanni, Torino, Vivalda, 1990.

Lo strano Natale di Mr. Scrooge e altre storie, a cura di Domenico Porzio, Milano, Mondadori, 1990.

Bestiario, Milano, Mondadori, 1991.

Il buttafuoco, Milano, Mondadori, 1992.

Teatro

Piccola passeggiata, Roma, non reperito testo a stampa, 1942.

La rivolta contro i poveri, Roma, I quaderni di «Film», 1946.

Un caso clinico, Milano, Mondadori, 1953.

Drammatica fine di un musicista, «Corriere d'Informazione», 3-4 novembre 1855.

Sola in casa, «L'Illustrazione italiana», maggio 1958.

Una ragazza arrivò, Milano, Bietti, 1958.

L'orologio, testo inedito, 1959.

Le finestre, «Corriere d'Informazione», 13-14 giugno 1959.

Un verme al Ministero, «Il dramma», aprile 1960.

Il mantello, «Il dramma», giugno 1960.

I suggeritori, Milano, «Documento Moda 1960», 1960.
L'uomo che andò in America, «Il dramma», giugno, 1962.
La colonna infame, «Il dramma», dicembre 1962.
Spogliarello, testo inedito, 1964.
La fine del borghese, Milano, Bietti, 1968.

♦ Libretti per musica

Procedura penale, Milano, Ricordi, 1959.
Ferrovia sopraelevata, Milano, Ferriani, 1960.
Il mantello, Milano, Ricordi, 1960.
Battono alla porta, Milano, Suvini-Zerboni, 1963.
Era proibito, Milano, Ricordi, 1963.

Bibliografia della critica

Studi monografici e complessivi

Renato Bertacchini, *«Dino Buzzati»*, in *Letteratura Italiana. I contemporanei*, II, Milano, Marzorati, 1963.
Fausto Gianfreschi, *Dino Buzzati*, Torino, Borla, 1967.
Yves Panafieu, *Dino Buzzati: un autoritratto*, Milano, Mondadori, 1973.
Almerina Buzzati e Guido Le Noci, *Il pianeta Buzzati*, Milano, Apollinaire, 1974.
Antonia Veronese Arslan, *Invito alla lettura di Buzzati*, Milano, Mursia, 1974.
Giuliano Gramigna, *Dino Buzzati. Romanzi e racconti*, Milano, Mondadori, 1975.
Marcello Carlino, *Come leggere il "Deserto dei Tartari" di Dino Buzzati*, Milano, Mursia, 1976.
AA. VV., *Cahiers Buzzati*, Paris, Laffont, 1977, n. 1.
Ilaria Crotti, *Buzzati*, Firenze, La Nuova Italia, 1977.
AA. VV., *Omaggio a Dino Buzzati* (Atti del Convegno di Cortina D'Ampezzo), Milano, Mondadori, 1977.
AA. VV., *Cahiers Buzzati*, Paris, Laffont, 1978, n. 2.

Renato Bertacchini, *Dino Buzzati*, in *900*, VI, Milano, Marzorati, 1979.

AA. VV., *Cahiers Buzzati*, Paris, Laffont, 1979, n. 3.

Elio Gioanola, *Dino Buzzati*, in *Letteratura italiana contemporanea*, II, Roma, Lucarini, 1980.

AA. VV., *Il mistero in Dino Buzzati*, a cura di Romano Battaglia, Milano, Rusconi, 1980.

Mario B. Mignone, *Anormalità e angoscia nella narrativa di Dino Buzzati*, Ravenna, Longo, 1981.

AA. VV., *Cahiers Buzzati*, Paris, Laffont, 1981, n. 4.

Alberto Frasson, *Dino Buzzati*, Camposampiero, Del Noce, 1982.

AA. VV., *Cahiers Buzzati*, Laffont, 1982, n. 5.

Neuro Bonifazi, *Teoria del «fantastico» e il racconto «fantastico» in Italia: Tarchetti-Pirandello-Buzzati*, Ravenna, Longo, 1982.

AA. VV., *Dino Buzzati*, a cura di Alvise Fontanella (Atti del Convegno internazionale di Studio promosso dalla Fondazione Cini), Firenze, Olschki, 1982.

Antonella Laganà Gion, *Dino Buzzati. Un autore da rileggere*, Venezia, Corbo e Fiore Ed., 1983.

AA. VV., *Cahiers Buzzati*, Paris, Laffont, 1985, n. 6.

Luciano Simonelli, *Dino Buzzati. Lettere a Brambilla*, Novara, De Agostini, 1985.

Vittorio Feltri e Bruno Rossi, *Buzzati e il Corriere*, supplemento al «Corriere della Sera», 12 giugno 1986.

Claudio Toscani, *Guida alla lettura di Buzzati*, Milano, Mondadori, 1987.

Giovanna Ioli, *Dino Buzzati*, Milano, Mursia, 1988.

AA. VV., *Cahiers Buzzati*, Paris, Association Internationale des Amis de Dino Buzzati, 1988, n. 7.

Nella Giannetto, *Il coraggio della fantasia. Studi e ricerche intorno a Dino Buzzati*, Milano, Arcipelago Edizioni, 1989.

AA. VV., *Cahiers Buzzati*, Paris, Association Internationale des Amis de Dino Buzzati, 1990, n. 8.

Angelo Colombo, *Buzzati fra parodia e critica: sul manzonismo di "Peste motoria"*, in "Studi e problemi di critica testuale", vol. 42, aprile 1991.

AA. VV., *Dino Buzzati*, in "Margo", 1992, Bresso (MI).

AA. VV., *Le montagne di Buzzati fra vissuto e rappresentazione*, (Atti del Convegno "Montagne di Vetro, di Pietra, di Carta", promosso dal Centro Studi Buzzati dell'Università di Feltre e dal Dipartimento di Scienze Filologiche e Storiche dell'Università degli Studi di Trento), Torino, La Grafica Nuova, 1994.

Articoli o saggi di interesse generale

Elio Bartolini, *Dino Buzzati e la nuova letteratura allegorica*, «Il Mulino», n. 6, 1955.

Giuseppe Ravegnani, in *Uomini visti*, II, Milano, Mondadori, 1955.

Valerio Volpini, in *Prosa e narrativa dei contemporanei*, Roma, Universale Studium , 1957.

Giorgio Pullini, in *Narratori italiani del Novecento*, Padova, Liviana, 1959.

Elio Filippo Accrocca, in *Ritratti su misura*, Venezia, Sodalizio del Libro, 1960.

Luigi Fiorentino, in *Narratori del Novecento*, Milano, Mondadori, 1960.

Francesco Grisi, in *Incontri in libreria*, Milano, Ceschina, 1961.

Giorgio Pullini, in *Il romanzo italiano del dopoguerra*, Milano, Schwarz, 1961.

Natalino Sapegno, in *Compendio di storia della letteratura italiana*, III, Firenze, La Nuova Italia, 1962.

Ferdinando Castelli, in *Letteratura dell'inquietudine*, Milano, Massimo, 1963.

Renato Barilli, in *La barriera del naturalismo*, Milano, Mursia, 1964.

Sergio Torresani, *Il teatro italiano degli ultimi vent'anni* (1945-1965), Cremona, Mangiarotti, 1965.

Paolo Monelli, in *Ombre cinesi. Scrittori al girarrosto*, Milano, Mondadori, 1965.

Giorgio Bàrberi Squarotti, in *La narrativa italiana del dopoguerra*, Bologna, Cappelli, 1965.

Francesco Grisi, in *Incontri e occasioni*, Milano, Ceschina, 1965.

Michel David, in *La psicoanalisi nella cultura italiana*, Torino, Boringhieri, 1966.

Giuliano Manacorda, in *Storia della letteratura italiana contemporanea* (1940-1965), Roma, Editori Riuniti, 1967.

Luigi M. Personé, in *Scrittori italiani moderni e contemporanei*, Firenze, Olschki, 1968.

Walter Pedullà, in *La letteratura del benessere*, Napoli, Libreria Scientifica Editrice, 1968.

Ines Scaramucci, in *Studi sul Novecento*, Milano, I.P.L., 1968.

Francesco Grisi e Carlo Martini, in *Incontri con i contemporanei*, Milano, Mondadori, 1970.

Giorgio Pullini, in *Volti e risvolti del romanzo italiano contemporaneo*, Milano, Mursia, 1971.

Carlo Bo, *Al di là del muro*, «Corriere della Sera», 29 gennaio 1972.

-, *Buzzati e il tarlo della virtù*, «Nuova Antologia», febbraio 1972.

-, *Il ricordo di Buzzati*, «Corriere della Sera», 4 febbraio 1973.

Lorenzo Mondo, *Dino Buzzati e la morte*, «La Stampa», 29 gennaio 1972.

Eugenio Montale (*L'artista dal cuore buono*), Indro Montanelli (*Lo stile di una vita*), Carlo Bo (*Al di là del muro*), Franco Russoli (*Nella sua pittura timori e stupori*), «Corriere della Sera», 29 gennaio 1972.

Alberto Frasson, *Rilettura di Buzzati*, «L'osservatore politico-letterario», marzo 1972.

Giovanni Titta Rosa, in *Vita letteraria del Novecento*, III, Milano, Ceschina, 1972.

Alessandro Scurani, *Un uomo che si interroga*, «Letture», n. 3, marzo 1972.

Mario Stefanile, «Il sentimento gotico di Dino Buzzati», in *Sessanta studi di varia letteratura*, Napoli, Giuda, 1972.

Cesare Garboli, *Dino delle montagne*, «Il Mondo», 21 gennaio 1972.

Gorizio Viti, in *Il romanzo italiano del Novecento*, Messina-Firenze. D'Anna, 1973.

Guido Lopez, in *I verdi, i viola e gli arancione*, Milano, Mondadori, 1973.

Antonia Veronese Arslan, in *Dizionario critico della letteratura italiana*, I, Torino, UTET, 1973.

Indro Montanelli- Guido Piovene, «Il Giornale», 30 luglio e 30 ottobre 1974.

Luigi Pozzoli, *Dino Buzzati tra limpidità e lucidità*, «Letture», nn. 6-7, giugno-luglio 1975.

Marino Biondi, «Buzzati e i termini del discorso umano», «Antologia Vieusseux», nn. 41-42, genn.giu. 1976, pp. 39-45.

Diego Dalla Gasperina, *Buzzati e Manzoni*, «Italianistica», n. 3, settembre-dicembre 1976.

Giuliano Manacorda, in *Storia della letteratura italiana tra le due guerre* (1919-1943), Roma, Editori Riuniti, 1980.

Vanna Gazzola Stacchini, «Letteratura e società fra il benessere e il malessere», in *Letteratura italiana. Storia e testi, L'età presente*, I, Bari, Laterza, 1980.

Elio Gioanola, «Il racconto tra il magico e il surreale», in *Letteratura italiana contemporanea*, II, Roma, Lucarini, 1980.

Giuseppe Farinelli, in *Il romanzo tra le due guerre*, Brescia, La Scuola, 1980.

Francesco Grisi, in *La penna e la clessidra*, Roma, Volpe, 1980.

I. De Bernardi - F. Lanza - G. Barbero, in *Letteratura italiana*, III, Torino, SEI, 1983.

Giacinto Spagnoletti, *La letteratura in Italia*, Milano, Spirali, 1984.

François Livi, in *Scrittori e poeti italiani d'oggi*, Napoli, EST, 1984.

Maria Corti, in *Viaggio nel '900*, Milano, Mondadori, 1984.

Carlo de Matteis, in *Il romanzo italiano del Novecento*, Firenze, La Nuova Italia, 1984.

Giulio Nascimbeni, in *La letteratura italiana. Ottocento e Novecento*, Milano, Librex, 1985.

Giacinto Spagnoletti, in *La letteratura italiana del nostro secolo*, Milano, Mondadori, 1985.

Luigia Abrugiati, in *Studi di letteratura contemporanea*, Lanciano, Carabba, 1986.

Giorgio Pullini, *Tra esistenza e coscienza*, Milano, Mursia, 1986.

Dino Conti, *Vita & colori di Dino Buzzati*, in «Lingua e letteratura», V, 1987, n. 8, pp. 142-152.

Nella Giannetto, *L'archivio Buzzati di Feltre*, in AA. VV., *Fantastico e immaginario*, Chieti, Solfanelli, 1988, pp. 198-198.

Nella Giannetto, *Appunti alla fortuna di Buzzati nel mondo*, in AA. VV., *Lingua e letteratura italiana nel mondo oggi*, XIII Congresso A.I.S.L.L.I., Perugia, 1988.

AA. VV., *Atti del Convegno su Buzzati*, a cura di Nella Giannetto, 12-13 ott. 1989, Feltre e Belluno, in corso di stampa.

Massimo Depaoli, *Il figlio della notte*, in "Autografo", n. 23, 1991, pp. 50-67.

Nella Giannetto, *Buzzati a teatro*, in "Quaderni Veneti", Ravenna, Longo Ed. XIV, 1991.

Giuseppe Marchetti e Bruno Rossi, *Si spegneva vent'anni da Dino Buzzati, scrittore, giornalista e pittore fra i grandi del nostro secolo*, in «Gazzetta di Parma», 23 gennaio 1992.

Giovanna Ioli, *Dino delle montagne*, in "Il nostro tempo", 9 febbraio 1992.

Lucia Bellaspiga, *Ritorno di Dino Buzzati, autore di teatro*, in "Il ragguaglio librario", n. 2, febbraio 1992.

Guido, *La guerra di Dino*, in "Venerdì" (di «Repubblica»), 4 dicembre 1992.

Maria Teresa Ferrari (a cura di), *Dino Buzzati*, Verona, Società delle Belle Arti, 1994 (in occasione di una retrospettiva di pittura).

Bàrnabo delle montagne

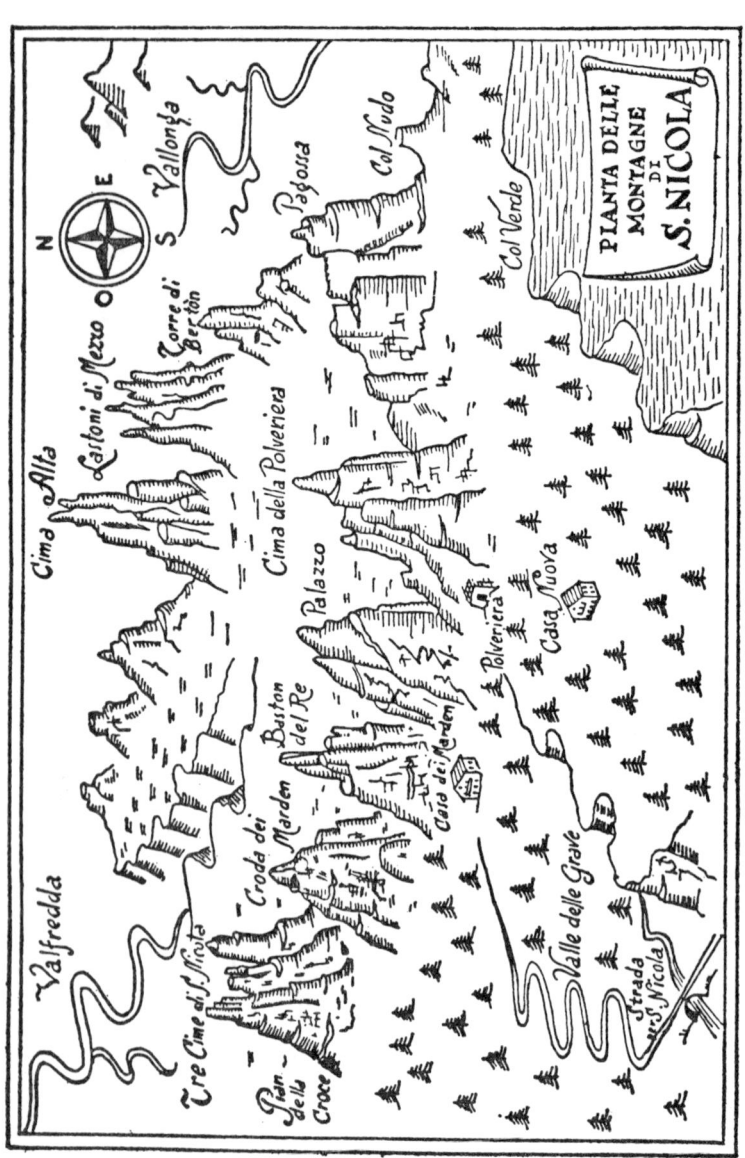

PLANTA DELLE MONTAGNE DI S. NICOLA

1

Nessuno si ricorda quando fu costruita la casa dei guardiaboschi del paese di San Nicola, nella Valle delle Grave, det-
ta anche la Casa dei Marden. Da quel punto partivano cinque
sentieri che si addentravano nella foresta. Il primo scendeva giù per la valle verso San Nicola e a poco a poco diventava una vera strada. Gli altri quattro salivano fra i tronchi,
sempre più incerti e sottili, fino a che non rimaneva più che
il bosco, con gli alberi secchi rovesciati per terra e tutte le
sue vecchissime cose. E sopra, a Nord, c'erano le bianche
ghiaie che fasciano le montagne.

Il sole si leva dalle grandi cime, gira sopra la Casa dei
Marden e tramonta dietro al Col Verde. Soffia il vento della
sera, portando via un'altra giornata. Del Colle, il capo dei
guardiani, quest'oggi è in vena e ha lunghe storie da raccontare. Solo lui se le ricorda, ma a dirle tutte si farebbe notte e
poi ancora mattino e non sarebbe finita.

La storia dell'Ermeda, ricco signore di San Nicola: « Ve-
niva dalla Vallonga insieme con tre suoi uomini. Quando sono vicini al Col Nudo comincia a venire la nebbia; lui sbaglia
strada, va su per un canalone e arriva a sboccare sulla grande
cengia sotto al Pagossa; adesso non si può vedere, ve la mo-
strerò domani col sole. Nessuno l'ha poi mai trovato e sì che
dicono che per mesi e mesi siano andati a cercarlo sotto alle
rocce. Molti anni sono passati ».

La storia della Polveriera: progettano di fare una strada
che unisca San Nicola alla Vallonga. Le autorità sono d'ac-

cordo. Il vecchio Bettoni assume l'impresa. La strada doveva salire per il vallone delle Grave, poi piegare a sinistra, costeggiare le rocce del Palazzo, toccare la catena del Pagossa e sorpassare infine il Col Nudo. Cominciano i lavori a San Nicola. Una cosa in grande. Arrivano operai dalla Bassa. Devon rompere la montagna. Comperano grande quantità di polveri e le depositano in un baracchino sotto alle rocce del Palazzo.

Ma al termine della prima gola, quando i lavoranti fanno scoppiar le mine, il lavoro si deve fermare. La polvere non esplode, di notte vengon rubati gli arnesi. Giù in basso cominciano a mormorare che è una cosa da pazzi: soldi gettati via. Si ripete che le montagne devono restar tranquille. E le campane di San Nicola a suonare perché se ne vadano i cattivi spiriti.

Uno dei lavoranti va, una notte, a rubare in una casa. Danno allora la colpa a Bettoni perché non sorveglia abbastanza gli operai. Un suo concorrente che aveva perduto l'appalto soffia nel fuoco. Minacciano di far saltare il deposito di esplosivi.

È allora che sui fianchi di una croda, poco sopra il punto dove la strada dovrebbe passare, trovano una specie di grotta, l'adattano a polveriera, la chiudono con un muro e ci mettono i guardiaboschi a fare il servizio di guardia. Intanto, per l'inverno, i lavori vengono interrotti e l'anno dopo, quando vengon ripresi, si scopre che mancano i soldi. Oggi resta un pezzo di strada che arriva fin sotto al Palazzo; più avanti prosegue il sentiero che conduce alla Polveriera.

Un giorno passano degli ufficiali in ricognizione e vedono quel deposito: è una bella costruzione, un posto ben riparato, non lontano dal confine. Bisogna dunque utilizzarlo. Ci portano così altri esplosivi e parecchie munizioni, ma il servizio di custodia rimane ai guardiaboschi. Le cose rimangono immutate per anni. Ancora adesso davanti alla porta che si apre nel sasso vivo cammina su e giù un uomo con il fucile. Ogni sera la guardia montante lascia la Casa dei Marden e su per i boschi, con due ore di strada, arriva alla piccola polveriera, vicino alla quale esiste una baracchetta. Occorrono tre uomini ogni volta.

La storia di Darrìo: anche lui era guardiaboschi. « C'è qualche ladro sulle montagne » continuava a dire. « Scappano dalle prigioni e si rifugiano lassù. Un giorno o l'altro verranno giù a rubare e a far rovina. Bisogna andare a vedere. » E partiva la mattina, su diritto per il bosco, per i lunghi ghiaioni, e Dio solo sa come faceva ad arrampicarsi su per le pareti. I ladri, diceva lui, ma forse non ci credeva. Stava lontano per delle intere giornate sui bordi dei precipizi. Eppure, bravo com'era, un bel giorno non è più tornato. Si aspetta, si cerca nel bosco, ci si spinge fin sotto alle rocce e con il corno si suona da riempire tutte le montagne. E una settimana dopo Bertòn, che scendeva dalla Polveriera, non vede dodici tredici corvi che continuano a girare sopra una parete altissima? È sull'apicco proprio sotto il Baston del Re. Ci sono ancora adesso le sue ossa, sopra una piccola terrazza. Se l'è voluta lui la morte, in fin dei conti.

Dodici guardiaboschi, con un cappello verde, su cui qualcuno mette una piccola piuma. Sulla giacca un distintivo che rappresenta lo stemma del paese. Il capoguardia, Antonio Del Colle, con i baffi bianchi è già ormai vecchiotto, ma si arrampica ancora bene per le montagne, porta i carichi e quando spara il fucile nessuno l'ha mai visto sbagliare. Il suo schioppo inglese è sempre chiuso nella custodia di cuoio. Sulle canne c'è disegnato un serpente che si attorciglia fino alla bocca. Di solito Del Colle ne adopera un altro, un fucilazzo da non aver tanti riguardi, che aveva trovato nella sua casa. Del Colle è piccolo di statura; lo si vede bene da lontano con il suo passetto dondolante; si ferma ogni tanto a guardare. È vecchio, lui, della montagna; vede le malattie degli abeti, conosce il canto di tutti gli uccelli, ricorda tutte le più piccole strade. Sente il cattivo tempo che si avvicina. E li conosce bene i suoi compagni: il sottocapo Giovanni Marden e poi Giovanni Bertòn, Paolo Marden, cugino del primo, Pietro Molo, Francesco Franze, Berto Durante, Angelo Montani,

Primo e Battista Fornioi, Giuseppe Collinet, Enrico Pieri e Bàrnabo che lo chiamano solo per nome e sarà poi Bàrnabo delle montagne.

Non è facile dire da dove sono venuti. Qualcuno figlio di guardiaboschi. Qualcuno nato tra i monti da quelle famiglie patriarcali. Altri sono giunti da lontano e hanno conosciuto le strade della pianura. Ma oramai le hanno dimenticate, le vie infinite e polverose, bruciate dal sole. Laggiù non c'era ombra né vento e rare erano le fontane. Bisognava andare sempre avanti diritti; c'è lì in fondo una pianta ombrosa, ancora un piccolo sforzo. I piedi sono di piombo, coraggio perché si è arrivati.

2

La casa che una volta fu della famiglia Marden e che ospita i guardiaboschi è diventata vecchia. Il legno delle travi è marcito e le imposte non si riescono a chiudere. Una notte Durante si sveglia perché sente freddo. Si alza e accende il lume. Il vento ha portato via un pezzo del tetto, così, silenziosamente.

Una volta era lucida e luminosa come una casa di nuovi sposi, con dei fiori sulle finestre e dipinta di diversi colori.

Ora l'intonaco bianco del pianterreno se n'è andato, le tavole che rivestivano il primo piano sono diventate nere. E il tetto a contare le piogge, a discutere con il vento, a poco a poco si è stancato; ha cominciato a slabbrarsi, qualche scandola rotolava via, ma nessuno se n'accorgeva. È diventata una architettura crollante; basterebbe poco a farla sfasciare.

« Aggiusta, Fornioi, tu che sei falegname, aggiusta la trave del soffitto » diceva Del Colle. « Di notte scricchiola e finirà col crepare. »

"Ma tutto si aggiusterà domani, domani ci sarà il sole propizio e si avrà voglia di lavorare. Eppure è oggi che passa il tempo" pensava Del Colle "domani non è ancora passato." Così, sotto gli occhi, senza quasi farsi vedere, la Casa dei Marden si rovinava. Poi quando Durante si accorse che un pezzo di tetto era stato scoperchiato cominciarono le dispute.

"Bisogna cambiare, ormai" si diceva "siamo troppo lontani dalla Polveriera. Qui è troppo umido, in mezzo al bosco. Tanto, questa casa bisognerebbe rifarla di sana pianta."

A Del Colle dispiaceva. Quella cucina era oramai tanto nera di fumo e tante bizzarre cose erano penetrate nei muri. "È un peccato" pensava. "Sono più di vent'anni che vivo qua dentro. Mi ricordo quel giorno che sono venuto qui per la prima volta. Era d'estate e pioveva. C'è poco da dire, tutta la mia vita è passata in questa casa. Ora quando sono là dentro e vedo lo schioppo attaccato vicino al letto non mi importa più niente di avere tanti soldi o di stare nel paese. Che sciocchezza. In questa casa ho anche tribolato e certe volte, tanti anni fa, si aveva una voglia disperata di discendere nella pianura. C'era anche chi fuggiva. Ma d'autunno mi ricordo che si cantava, quando l'Ermeda faceva la grande caccia. Delle cene fenomenali, e il vecchio Da Rin attaccava a suonare il violino. Gli inverni, poi l'estate, poi ancora l'inverno, io sono vecchio e adesso bisogna andare."

Ecco quello che ancora ricorda:

Qualche mese dopo la morte di Darrìo, Del Colle viene chiamato d'urgenza a San Nicola. Arriva giù che è sera, in una giornata piena di nubi grigie. Dall'ispettore, che comanda tutti i guardiaboschi del Comune, trova una donna magra che piange con un rosario in mano e un signore piccolo che mette soggezione. Erano i genitori di Darrìo. Volevano il corpo del loro figliolo ad ogni costo. Non c'era verso di persuaderli che la cosa era impossibile. Il padre volle assolutamente vedere con i propri occhi dove si trovava il cadavere.

La mamma rimase a San Nicola. Il padre e Del Colle si misero in cammino all'alba, senza dire una parola. Il vecchio non aveva scarpe da montagna eppure andava su rabbioso, guardando per terra. Tutta notte aveva piovuto e le erbe e le piante gocciolavano. Le montagne erano ancora nere sotto a una cortina di nubi. Passarono la gola, passarono il bosco, sempre diritti senza fermarsi.

« Voglio andare più su che è possibile » diceva il vecchietto e Del Colle lo condusse per le ghiaie, fin dove si alzavano le pareti. Di sopra, a circa quattrocento metri, sopra un piccolo piazzale, stavano le ossa di Darrìo, una qui una lì, completamente sformate.

Ma ancora più in alto si spinsero i due, arrampicandosi a

fatica per i macigni di uno strettissimo canale che s'infiltrava dietro un torrione. Infine si fermarono dove il valloncello si chiudeva e si alzavano tutto attorno rupi a picco. Dall'alto, giù da uno scheggione nero scendeva con forza un getto d'acqua piovana; un antro viscido e oscuro fra lastroni inaccessibili. Sospesi molto più in alto stavano i resti di Darrìo; anch'essi avevano preso la pioggia e lentamente stavano asciugandosi. Il vecchietto guardava, fermo, verso le rocce, come se fosse incantato. E il rombo della cascata, e le nuvole che passavano adagio.

« Signore, vuole che torniamo? Ha visto bene che è impossibile? » Ma l'altro non rispondeva, fisso verso le crode che si accavallavano nel cielo. Del Colle guardava l'orologio: un'ora, un'ora e mezzo, due ore, bisognava discendere: stava per ricominciare la pioggia. Il padre di Darrìo si mosse solo quando (venivano le ombre della sera) il guardiaboschi lo prese per un braccio e gli disse che era tardi. Il vecchio guardò ancora in su. Poi si mise a discendere, senza dire più una parola.

3

Hanno costruito la nuova casa dei guardiaboschi sul versante della valle opposta a quello dove si trova la Casa dei Marden. Pressapoco è una costruzione uguale. Ma è tutta fresca; ha il tetto di zinco. Il bello è che si trova molto più in alto, assai vicina alla Polveriera, in un ampio prato circondato dal bosco. Ecco il giorno dell'inaugurazione.

Su per la strada, appositamente costruita, per dove possono passare anche i muli, arriva molta gente. È una domenica di luglio, piena di sole. Gli uomini hanno il vestito di festa e le donne tutte a colori. Anche i guardiaboschi si son fatti la barba e sfoggiano la divisa nuova. Del Colle è fuori, sopra una comodissima panca, e racconta di quando c'era ancora l'Ermeda e faceva suonare la banda. « Poi lui è morto sulle crode e i suonatori si sono sparpagliati. Ora nessuno sa più suonare. È giù nel fiume il vecchio tamburo; l'han gettato nelle grave sotto alla piazza del Mercato; rimangono ancora le parti di ferro, tutte arrugginite. »

La spianata è a mezzogiorno, tranquilla; il bosco ogni tanto mormora e si vedono benissimo tutte le grandi crode. Oggi sono bianche, e candide nubi vi lasciano qua e là delle ombre: le tre punte di San Nicola, la Croda dei Marden, il Baston del Re e più a destra, andando da Ovest a Est, sempre sulla medesima cresta, il Palazzo, la Cima della Polveriera e, ancora in fondo, il profilo della Pagossa. Sopra tutti, con delle strisce di neve, la Cima Alta e i Lastoni di Mezzo, che sembrano quattro strettissimi campanili.

Intanto comincia la festa. Due di quelli che hanno scavato la strada attaccano con le armoniche delle musiche per far ballare. Tutti quanti sono attorno; ci sono anche il podestà, l'ispettore, e si ride; c'è voglia di divertirsi. Comincia infatti una specie di vita nuova.

Come è bravo Molo a ballare; tre le sue braccia è la figliola del podestà. Anche Bertòn ora si fa avanti e un due tre, un due tre, anche lui lo sa fare il valzer; lo sa fare e anche meglio di tanti altri. Ma come fa Bàrnabo, così giovane, a rimanersene in disparte? Pure lui alla fine prende una ragazza e si mette insieme con gli altri. Ma proprio quando le due armoniche si interrompono.

Del Colle farà sentir lui ora delle vecchie musiche, quelle di una volta, che non lasciano dimenticare la giovinezza. Anche lui è andato a prendere l'armonica. Tranquillità del pomeriggio, bandiere che sventolano al sole; la festa è appena cominciata, ce ne sarà per tutta la sera.

Del Colle suona l'armonica e gli altri stanno zitti a sentire. Vicino a lui, in piedi, c'è Giovanni Marden; sorridendo, egli guarda le mani di Del Colle che premono i tasti, si muovono appena appena eppure fanno uscire musiche deliziose. Le bandiere hanno cessato di sventolare. Il vento si è fermato perché tutti stanno zitti quando si suonano le vecchie canzoni.

Bravo Del Colle! Quello sì che è un uomo in gamba. Cinquantasei anni, va bene, ma sentite come suona; e non sbaglia una bottiglia a cento metri quando spara con il suo fucile. Evviva, tutti gridano. Il sole è piegato un po' verso occidente ma nessuno se n'è accorto. Si parla ora di scendere al paese. Il podestà e l'ispettore hanno promesso di pagare da bere. Alcuni già s'incamminano ridendo per la strada. Poi tutti gli altri si muovono insieme. E Del Colle perché non viene? « Andate pure avanti » risponde « verrò anch'io subito. Ho dimenticato le mie carte alla Casa dei Marden. Le vado a prendere e vi raggiungo a San Nicola. »

« Andrai domani a prendere le carte. Adesso vieni con noi. »

« Un'ora dopo, che cosa v'importa? Ci sarò anch'io, si capisce. È bene la nostra festa. »

Tutti gli altri se ne sono andati. È rimasto un grande silenzio. Ricomincia a poco a poco il vento a far rumori nella foresta. « Cu... cù... cu... cù... » si sente da lontano. Del Colle ora andrà alla Casa dei Marden. In discesa ci sarà appena un'ora di strada. Ha chiuso la porta, tutta fresca di vernice verde. Si è guardato attorno e adesso cammina a piccoli passi. È giunto in fondo alla spianata, a poco a poco scompare. La nuova casa è rimasta completamente sola.

In mezzo al bosco di abeti e di larici, il sole si è affievolito e tra poco scenderà dietro il Col Verde. Anche le montagne, col tempo, sono cambiate. Tanti anni prima, nei boschi, si trovavano una specie di piccoli spiriti. Del Colle li aveva ben visti qualche volta. Così leggeri, verdi come il prato, potevano essere stati loro a impedire i lavori della strada? Certo è che con i colpi di fucile, uno sparo oggi, uno domani, con l'arrivo dei lavoranti, con i rimbombi delle mine, gli spiriti della foresta forse erano stati disturbati e chissà dove si sono adesso nascosti.

È arrivato davanti alla vecchia casa, mentre il bosco si fa buio specialmente dove i rami sono spessi. Del Colle tira fuori di tasca una piccola armonica. Una volta era ben così. Gli spiriti amavano quelle canzoni e dopo un po', se già era venuta la sera, comparivano tra i tronchi.

Suona e suona e intanto il sole è disceso. Un piccolo rumore, un ramo che si spezza e cade, urtando sulle finissime foglioline ammucchiate per terra. Si sente un altro rumore. Leggeri, leggeri, che siano tornati i piccoli spiriti con la loro faccia verde, che non fanno male ad anima viva? Del Colle si accorge che tutto è come nei tempi della sua giovinezza. C'è la Casa dei Marden che nell'oscurità può sembrare nuova, c'è la foresta tranquilla, ci sono i profumi della sera. Allora però Del Colle non aveva la barba né le vene così grosse né il respiro così pesante. Si ricorda che portava dei bei ricami sulla giacca e, come gli altri, aveva l'innamorata, giù alle casere di San Nicola. Alle feste si cantava insieme e si girava tutta la notte, felici, per il paese.

Un soffio sulle cime degli abeti, un bisbiglio sottilissimo tutto attorno alla piccola radura. Che gli spiriti siano scomparsi, che abbiano di nuovo avuto paura? C'è ora un silenzio pesante, come, tra le foreste, Del Colle non ha mai sentito. A tendere le orecchie, egli sente però avvicinarsi dei passi e percepisce anche delle voci umane. È meglio stare zitti, nascondersi dietro un tronco. Nelle tenebre dense il guardiaboschi vede uscire di tra gli abeti due uomini armati di fucile. Parlano tra loro ma non si riesce a capire. Uno di essi si avvicina alla casa e cerca di aprire la porta. Eccoli qui, quei maledetti.

Siccome la porta è chiusa, lo sconosciuto comincia a dare colpi. "Adesso ti arrangio io" pensa Del Colle, al quale il cuore si è messo a battere forte. Egli salta fuori dal nascondiglio, balza silenzioso sull'erba. Uno dei due allora se n'accorge e scappa a destra gridando al compagno: « Sta' attento che ti pescano! ». Ma Del Colle ha già afferrato l'altro per le spalle, l'ha buttato a terra, gli stringe il collo. « Adesso vieni con me, ladro che non sei altro! » gli dice con respiro affannoso e lo tiene imprigionato.

Un colpo di fucile. Si è vista una piccola fiammella tra i tronchi; il rumore si sperde lontano e si diffonde un odore di polvere da sparo. Del Colle è stato ferito a una spalla e cade. Il sangue gli gorgoglia in gola. Il nemico, sentendo allentarsi la stretta, balza in piedi e si perde nella foresta. Del Colle non grida nemmeno, nessuno lo potrebbe sentire. Ha un dolore terribile alla spalla; disteso sull'erba umida, con gli occhi aperti, sente il sangue che fa glu glu dentro il collo.

Gli assassini sono fuggiti. Del Colle si accorge allora che la foresta è tornata a bisbigliare e che il soffio del vento, tranquillo, riempie il vasto silenzio. Lontano, giù al paese, i compagni stanno ballando, sotto i grandi fanali; ballano e Del Colle l'hanno dimenticato. Era vecchio, del resto, stava bene con i vecchi, con i larici e le montagne. Ora l'hanno colpito a tradimento e il suo sangue ha bagnato la terra.

4

Cerca e cerca, Del Colle si dovrà ben trovare. Aveva detto che andava alla Casa dei Marden. Lo trovarono alla mattina, morto, disteso dinanzi alla casa, nel prato già illuminato dal sole. Fu Bàrnabo il primo ad arrivare alla spianata; e si accorse che il capo era morto prima ancora di essergli vicino. Doveva ben finire così Del Colle, insieme con la sua casa e le sue storie sconclusionate. A Bàrnabo piaceva vedere il tetto sconnesso della antica abitazione, le assi nerastre, le tracce di una lunghissima vita e vicino, disteso sull'erba verde, il suo capo, mentre il sole filtrava attraverso i rami. Fu allora che si stupì di non provare dolore. Eppure era morto il suo comandante, un buon uomo che a tutti voleva bene.

Del Colle si era addormentato forse la sera prima pensando a quante cose erano passate nel suo mondo, a quanti compagni avevano varcato quella soglia. Sarà stato lì fantasticando e intanto finiva la sua vita. Meglio così davvero; ma gli altri non potevano capire.

« È morto! » gridò Bàrnabo quando sentì avvicinarsi dei passi. Era Giovanni Marden, seguito dagli altri. Tutti furono intorno al cadavere, senza osare toccarlo. Poi videro una macchia nera nell'erba. Anche la giacca era tutta sporca di sangue.

Forse sulle alte rocce passavano soffi di vento; forse in fondo alla valle l'acqua dava un rimbombo e ai limiti della foresta qualche uomo cantava. Ma là, nella radura, era un grandissimo silenzio. Il buon Del Colle era stato ucciso. Gli sguardi girarono istintivamente attorno per scrutare le montagne, le nuvole, gli alberi infiniti e la casa. Ma che cosa doveva essere mutato?

« Una sera, qualche mese fa » dice Giovanni Marden « quando si cominciava a discutere per la casa nuova, una sera che voialtri eravate tutti in giro, Del Colle mi aveva ben parlato della sua morte. "Per mia figlia" aveva detto "posso essere anche tranquillo perché si è maritata bene. Per me" disse "ormai siamo alle ultime. Quando sarò morto, se non è troppa fatica, ti faccio vedere dove dovrete portarmi." E raccontò la storia del padre di Darrìo e di quel canalone dove si erano fermati. "Proprio in cima alle ghiaie" mi disse "a destra, nella parete, c'è un buco. Quando l'ho visto ho pensato: ecco qui il tuo posto, Del Colle, dove potrai stare in santa pace." E adesso, cari miei » continua Giovanni Marden « gli faremo una cassa, anzi la farai tu, Fornioi, e poi lo porteremo lassù. Ci sarà un'ora di cammino. »

La cassa, a forza di batter chiodi, è fabbricata; ma è riuscita alquanto piccola e il cadavere ci sta dentro con le spalle strette. I guardiaboschi prendono il feretro e a spalla lo portano su per le ghiaie in una giornata che ha delle nubi grigie molto più alte delle montagne. C'è qualcuno che li sta a guardare? Qualcuno, non visto sull'orlo della foresta, che ha paura di farsi vedere? Adesso però nessuno li può osservare; i guardiaboschi sono entrati nel ripido canalone, chiuso e solitario. I sassi rotolano rimbombando, ma nessuno apre bocca per parlare. La cassa è diventata pesante. Ancora qualche metro e la fatica sarà terminata. Infatti si trova a destra, nella parete, il buco dove la cassa viene introdotta completamente. Un gran sasso sull'apertura.

Bàrnabo si è accorto che Bertòn si è allontanato improvvisamente ma non osa rompere il silenzio per chiamarlo. Arrampicatosi per una obliqua cengia, Bertòn è voltato fuori, sulla parete della torre che chiude il canalone. Dopo poco tutti lo vedono aggrappato a delle rocce verticali, sotto gli ultimi lastroni. Purché non succeda un altro disastro. Mentre i compagni si guardano tra di loro, Bertòn è arrivato sulla esile cima. Ha portato il vecchio berretto di Del Colle e lo fissa con un chiodo sulla pietra più alta. Ai piedi della torre sta chiuso il corpo; sulla vetta il cappello, con attaccata la piuma. Una bella sepoltura.

5

La storia di Del Colle ha fatto il giro di tutte le valli. « Ci sono i banditi sulle montagne » si dice. « Cosa si aspetta a dar loro la caccia, a farli prigionieri? » Si pensa infatti che gli uccisori del guardiaboschi siano venuti dal confine che passa dietro la Cima Alta; si pensa che siano contrabbandieri, abituati a rubare nelle case. Le strade di notte sono solitarie ed è stata vista un'ombra l'altra sera, a San Nicola, vicino alla cappelletta. Qualcuno allora stacca il fucile dalla parete, lo spolvera e compera le cartucce. Resta una lunga macchia sul muro, dove lo schioppo era appoggiato. Eppure sembra ieri l'ultima volta che lo si è adoperato. Bisogna poi vedere come la canna nell'interno si è arrugginita. Pare ieri, eppure adagio adagio la macchia sul muro si è formata. È proprio così che passa il tempo.

« Si fa presto a dire cercare » dice l'ispettore a tarda sera, quando pochi rimangono nel caffè, nella piazza di San Nicola. « Ci vogliono dei mesi a girare tutti quei boschi e poi chi si rischia ad andare su per le crode dove non ci sono nemmeno sentieri? »

Gli altri tacciono, illuminati dalla fioca lampadina elettrica. Fuori, sul marciapiede si sentono ogni tanto dei passi. Una porta sbatte dentro alla casa. L'orologio fa tic tac. Ci si accorge che tutte le sere sono uguali: sempre quel caffè, quelle facce, quelle stesse parole.

La piazza è malamente illuminata da otto lampioni e tutto intorno le case sono buie. Nessun lume più si vede acceso nelle strade completamente deserte. Ma il vento è sveglio su in alto tra gli abeti e i larici e c'è qualcuno che cammina, un due, un due, nel vallone della Polveriera, per tutta quanta la notte. Può darsi anche che si lèvi la luna e allora la sentinella sta ancora più attenta perché, dove c'è quel grosso sassone, gli è sembrato che qualcosa si muovesse. I raggi intanto battono sulla nuova Casa dei guardiaboschi, entrano nella radura, sull'erba, in tutte le strade sassose. Ma nessuno vede tanta luce, fuori che la sentinella a cui (nella notte lo si sente bene) batte terribilmente il cuore.

La Polveriera si trova all'imbocco del vallone tra il Palazzo e la Cima della Polveriera stessa, sopra uno sperone roccioso che si protende tra le ghiaie dalla parete di destra. Sopra si innalzano le rupi per centinaia e centinaia di metri. Ogni tanto, nella profondità delle notti, qualcosa crolla e il suono rimbomba nelle gole.

« Bertòn » dice Bàrnabo, nella baracchetta del corpo di guardia, chiamando il compagno che riposa nella cuccetta vicina; i raggi della luna entrano appunto dalla finestra, illuminando un pezzo di pavimento. « Hai sentito che rumore? »

« Sei sveglio anche tu? Ma dev'essere una caduta di sassi. Non ci credo che quelli lì sian capaci di arrampicarsi per le pareti. E figurarsi di notte. »

Silenzio. Si sentono fuori i passi di Molo che fa da sentinella.

« Di' » continua Bertòn « ma sai che mi piacerebbe provare a andar su a vedere, un giorno o l'altro? Chissà dietro alla cresta cosa si vede. »

« Lascia andare, va' là » risponde Bàrnabo. « Pare impossibile, che razza di manìa ti è venuta. Sta' zitto un momento. »

Niente. Si sentono i passi di Molo solamente.

« Perché? hai sentito qualcosa? »

« No. Niente. Mi pareva. »

6

Non ci mancava che la pioggia. Sono tre giorni che bisogna star chiusi nella Casa. Chi va tra gli alberi freddi e gocciolanti, per i prati fradici? Le montagne sono sempre avvolte da nebbie biancastre.

La sera arriva senza che ci se ne accorga. I guardiaboschi sono tutti raccolti al pianterreno. C'è da ungere il fucile, da mettere a posto tante cose, uno si è messo a leggere un libro e in quell'angolo scuro si sente un lento canticchiare.

« Accendi, Collinet » dice Giovanni Marden, quando si è fatto tanto buio che non ci si vede.

Collinet accende la lampada a petrolio e il bosco, di fuori, sembra ancora più nero.

« Nessuna novità dalla Polveriera? » domanda Pietro Fornioi.

« Sarebbe ben venuto giù qualcuno. »

Che sia proprio venuto? Si sente battere alla porta.

Ah, niente di strano. È Molo, giunto da San Nicola con le solite provviste, tutto bagnato di pioggia.

« Che bestion d'un tempo » dice. « Giù per la strada, vicino al ponticello è crollato un lastrone che se non sono svelto a tirarmi da parte ci rimango sotto. Ho visto al caffè l'ispettore e gli altri soliti che parlavano ancora di Del Colle. E io ci ho detto quel che bisogna fare. »

« Proprio tu, figurarsi. »

« Proprio io; e mi hanno detto che ho perfettamente ragione e che si farà così. Andar subito domani mattina a cercare nella Vallonga e nello stesso tempo dall'altra parte fino al Pian della Croce. »

« Che cosa cercare? Cosa vuoi cercare in mezzo a quei boschi? » fa Marden.

« Nelle casere. Si saranno nascosti nelle capanne, nelle casere vuote. La questione è, mi pare, che nessuno ne ha voglia. Del Colle viene ammazzato e voi state qui attorno al fuoco. »

« Ma che cosa vuoi andare per i boschi? » dice allora Bàrnabo. « Sulle crode saranno andati. Il guaio, non è vero? è che lassù si fa più fatica. »

« E ci vorresti andar tu, s'intende? » fa Molo con una faccia cattiva.

« Non sarò certo io a dirlo. »

« Non è stato buono Darrìo e vorresti tu? e dove poi hai visto... »

« Ci sono due strade per le montagne » interrompe Fornioi il maggiore. « Una che va su e l'altra che scende. Si va su e poi si scende. E allora si scrive: egregio signor ispettore, siamo stati solleciti... »

« Ma finitela, perdio! » grida Marden mentre altri ridono. « Domani mattina Molo e Durante andrete su al Col Nudo e guarderete fino alle casere della Vallonga. E tu Angelo e Primo Fornioi dall'altra parte, al Pian della Croce. »

« E tu Bàrnabo, sulla Cima Alta a far provvista di sassi » dice Molo avvicinandosi a Bàrnabo seduto e dandogli un colpo sulla spalla.

Bàrnabo si volta con rabbia e gli afferra il braccio.

« Non avrai mica voglia di fare la lotta. Caro mio, non mi conosci. »

Molo si è acceso in volto e Bàrnabo gli si alza di fronte mentre gli altri gridano: « Ma finitela, lasciateci in pace! sempre lì a litigare! ».

Ma Molo ha afferrato alla vita Bàrnabo; è più forte e gli fa male. "Del Colle suonava l'armonica e tutti stavano a vederlo" pensa Bàrnabo e riesce a prendere per il collo il compagno e a stringerlo con il braccio. "Sei più forte, ma adesso andrai a terra."

Molo è più forte eppure sta per piegare; lo si vede bene, come stringe la bocca per il dolore. Sarebbe per lui una grande vergogna. Mentre tutti stanno a vedere, Bàrnabo si accorge che l'avversario soffre; fa finta di scivolare, lascia la stretta e salta indietro. Così Molo si rialza ansimante con una faccia dura. « Hai visto che non ce la fai? » L'altro è uscito per la porta; è sotto al piccolo porticato d'ingresso. Gocciola ancora nel buio. Dalla Casa escono delle luci, delle voci alte, insieme con grandi risate.

Ci son rumori nella Casa alla mattina presto. Farà bel tempo? Ancora non si capisce perché c'è dappertutto una fitta nebbia che solo adesso comincia a rischiararsi.

Molo, Durante, Montani e Fornioi stanno per partire. Gli altri ancora riposano al caldo e sentono dei rumori, delle voci giù nella cucina. I partenti staranno preparando il caffè. Trafficano un po' sommessi, poi di nuovo silenzio. Al momento della partenza le voci si alzano e gli scarponi fanno rumore di ferro sulle pietre dell'ingresso. Ancora qualche parola che non si capisce. Le voci si allontanano verso il bosco, insieme con il suono dei passi sordi e pesanti.

Ma niente. Per quanto abbiano cercato per tre giorni facendo quasi il giro dell'intera catena di montagne i quattro guardiani non hanno trovato traccia degli assassini. Non si è visto un fumo sospetto, né si sono udite voci che non fossero quelle del cuculo, delle cornacchie, oppure del vento. Ogni tanto qualche sasso rotolava giù per le grigie pareti che incombono sopra i boschi. Non che si vedessero, no; era qualche frana lontanissima che lasciava arrivare il suo suono.

Per un'intera giornata Durante seguì il limite superiore della foresta sparando ogni tanto due colpi successivi, uno con il fucile e l'altro con la pistola per far credere che fossero in due. Intanto, in qualche radura, vicino a qualche vecchia baracca, Molo attendeva in agguato perché poteva darsi che i briganti, udendo quegli spari, scendessero senza preoccupazioni nella zona inferiore del bosco. Ma non si vide nessuno. E sì che quel giorno non c'era vento e si sarebbero potuti distinguere anche rumori lontanissimi.

Molo e Durante ritornarono per i primi, affranti e senza più un boccone di cibo. Al mattino dopo, poco prima di mezzogiorno, si rividero anche Montani e Fornioi. Che avessero trovato qualcosa?

« Ecco qua la grande caccia » fece Fornioi, tirando fuori dalla carniera della giacca il corpo di un uccello, una grossa cornacchia già stecchita.

« Una cornacchia? Non vorrai mica mangiarla? »

« Si fa del brodo, si fa, con questa bestia. »

Anche Del Colle finisce con l'essere dimenticato. Il suo fucile da caccia famoso, fabbricato in Inghilterra, con le canne arabescate, passa nelle mani di Giovanni Marden che gli è succeduto nella carica di capoguardia: un gran bel fucile anche se un po' vecchio.

Senza che nessuno vi faccia caso, il tempo continua a passare; siamo già verso l'autunno e molti ricordi vanno perduti. Chi aveva tolto il fucile dal muro per andare in giro, di notte, armato, un bel giorno lo lascia a casa, attaccato allo stesso chiodo di una volta, così da coprire la macchia bianca sulla parete. In certe ore del giorno vi batte un raggio di sole che fa scintillare l'acciaio. Intanto viene giù la polvere; da un giorno all'altro non si vede, ma dopo qualche settimana ha riempito tutto. Ce n'è sui libri vecchi, sui cornicioni, sui mobili, e dentro all'orologio a quattro quadranti che è in cima al campanile di San Nicola. Il campanaro tende qualche volta, di notte, le orecchie; gli pare che l'orologio ogni tanto si metta a ansimare. Il battito davvero aumenta così da far risuonare tutta la torre. Poi, a poco a poco si affievolisce, diventa lontano lontano, forse lo porta via il vento.

Placida è la vita nella nuova Casa; tutto è stato sistemato bene, persino una rastrelliera per i fucili con le targhette di ottone per ciascun guardiaboschi. Però, veramente, nessuno si è ancora abituato. Si capisce: è uno stabile nuovo, con mobili nuovi; le cuccette hanno la rete metallica mentre prima si adoperavano solo tavole. Ci sono i lumi a petrolio in ogni stanza, l'odore dell'abete fresco e il tic tac dell'orologio. Eppure c'è qualcosa d'altro che nessuno saprebbe dire.

« Ci si accorge che manca Del Colle » ha detto una sera qualcuno.

No, non è nemmeno questo; è che tutti vivono così come se da un'ora all'altra dovesse arrivare qualcuno; non l'assalto di un nemico, ma qualcuno, sconosciuto; non si può dire chi. Si guarda intanto verso le alte cime; esse sono grigie e sopra passano nubi dello stesso colore sempre uguali, sempre uguali.

Ogni tre o quattro giorni tocca a ciascuno montare di guardia alla Polveriera. Le consegne vengono date alle quattro del pomeriggio, di solito, davanti al deposito degli esplosivi, sul limite destro del grandissimo cono di ghiaie compreso tra le pareti del Palazzo e della Cima della Polveriera. La guardia smontante, composta di tre uomini, si allontana poi per i detriti e poco dopo scompare.

Che gran sciocchezza questa Polveriera. Dovevano abbandonarla, quando si rinunciò alla costruzione della famosa strada; una volta, quando erano in piedi i lavori, si capiva. Ma adesso val la pena di mantenere un apposito servizio di guardia per così poche munizioni? « Meglio così » dice sempre Marden « perché se non ci fosse la Polveriera qualcheduno di noi sarebbe mandato a spasso. »

Vicino al deposito di esplosivi, una cinquantina di metri da un lato, sopra un altro roccione affiorante tra le ghiaie, si trova la baracchetta per il corpo di guardia. Di solito c'è un gran silenzio. Attraverso un piccolo finestrino, dall'interno, si scorge la sentinella che passeggia, con il fucile; davanti alla Polveriera e più in basso tra i sassi, si vedono dei resti di filo spinato, delle vecchie latte arrugginite e le assi curve di un'antica botticella di polvere nera. Tutti i guardiaboschi a turno l'hanno vista, per mesi e mesi, l'hanno davvero imparata a memoria.

A Bàrnabo piacciono le sere passate entro la baracchetta,

specialmente quando c'è in servizio con lui Bertòn e si può chiacchierare per ore e ore nel buio.

« T'immagini se capitassero questa notte? » fa Bertòn, disteso nel lettuccio di fronte a quello di Bàrnabo. « Noi li vediamo in tempo, andiamo fuori a nasconderci dietro una roccia. Pam! pam! in alto le mani! tutti quanti prigionieri. T'immagini che colpo? »

« Tirami fuori i fiammiferi che voglio veder l'ora » fa Bàrnabo. L'altro fruga nella sua cuccetta. Si sente il rumore degli zolfanelli agitati nella scatoletta. Bàrnabo accende: le dieci e mezzo. Poi la fiammella si spegne. Si ode il fischiettare di Montani che sta fuori a fare la guardia.

« Di', Bertòn, dimmi la verità: le altre volte che sei stato qui di servizio, montavate regolarmente di sentinella anche di notte? »

« Non c'eri anche tu? lo sai bene come si faceva. Ma di Montani non mi fido. Non che sia capace di fare la spia. Ma parla così poco. Chissà cosa ha mai nella testa. »

« Ci disprezza tutti quanti, ecco che cosa pensa. Certo che tra noi non deve trovarsi bene. »

« Hai osservato che... »

« L'altro giorno gli ho domandato se gli piaceva la nuova Casa. "Perché dovrebbe piacermi o dispiacermi?" mi ha risposto e si è voltato dall'altra parte. »

« Dicevo, hai visto che è allegro quando fa da sentinella? »

« Allegro per modo di dire. »

Bertòn si alzò a sedere nel lettuccio, facendolo scricchiolare. « Queste maledette coperte continuano a andare giù » dice; mette a posto le coperte e torna sotto soffiando. Poi tace.

« Ma lui ha parenti a San Nicola? » fa Bàrnabo. « Tu li conosci? »

« Mai avuto parenti da queste parti. È Collinet che ha degli zii. »

« Ecco, io non capisco. Con tanta gente in gamba e simpatica che esiste, bisognava proprio pescare Montani, sempre con quella sua faccia dura. Lui bravo, lui sempre in regola coi superiori, pur di mortificare. Paolier, per esempio, è due anni che ha fatto domanda per entrare nei guardiaboschi. Il bello è che si ostina. Va' a dirglielo, che è inutile aspettare. Fa il filosofo. "Oggi pioggia, domani sarà sereno" risponde sempre così. E intanto non l'hanno preso. Domani, domani. »

Bàrnabo si interrompe perché si accorge che Bertòn si è addormentato. Come se avesse parlato al vuoto, come se avesse parlato ad un morto. C'è poco da dire.

Mezzanotte. Bàrnabo salta giù dal lettuccio e prende il fucile. In punta di piedi va alla porta e l'apre adagio adagio. Freddo e nubi in cielo.

« Montani » grida con voce bassa « va' pure a dormire. » Si mette davanti alla Polveriera, seduto sul solito sasso. Montani è un po' in disparte e non accenna a muoversi.

« Non vai a dormire? »

« Non ho sonno. Tanto, quattro occhi vedono più di due soli. »

Già, Montani non si fida di lui. Chissà che cosa crede di essere. Solo per farsi credere zelante; per essere qualcosa di più che gli altri. Gli viene voglia di sbattere via il fucile e di andarsene. Ah, no, non avrebbe risposto che sarebbe tornato a dormire. Montani l'avrebbe preso in parola e sarebbe rimasto a far da sentinella per otto ore di fila. Non si fida di lui, quell'odioso.

Ora fa troppo freddo per poter rimanere fermi. Bàrnabo si mette a camminare in su e in giù. Ah, ma sarebbe venuto un giorno, perdio se doveva venire. Ora il Palazzo e la Cima della Polveriera spariscono nelle nubi, è tempo di pioggia. Ma un bel giorno si vedranno, tutte quante queste montagne, tutte le grandi pareti e lassù, in cima, un uomo. Sarà una giornata di sole, un giorno da non dimenticare.

Tutte storie: lo sa bene. Invece le cose andranno avanti così come sono sempre andate, un anno dopo l'altro, senza che nessuno se ne accorga. Adagio adagio Montani è disceso alla baracchetta. "Anche lui ora ha sonno" pensa Bàrnabo. "Ma non poteva andarsene anche prima? No, se non aveva mortificato qualcuno, non era contento."

Si è messo a piovere. Montani va a dormire e Bàrnabo sente un groppo in gola. Si leva adagio il cappello. Si sente il rumore dell'acqua sulle ghiaie e sul letto della baracchetta, fatto di zinco. Ora, rimasto solo, capovolge il fucile perché non si bagni l'interno della canna e riprende a camminare. Avrebbe voglia di cantare qualcosa. L'acqua gli bagna il volto, scende giù a piccoli rivoletti per le guance e nella bocca ha un sapore amaro.

8

È la festa di San Nicola. Il sole batte sui festoni colorati appesi attraverso le vie. Una mattina fresca, con gran suonare di campane. Arrivano sulla piazza mercanti forestieri, suonatori con armoniche, flauti e chitarre e attraverso la folla passano ricche carrozze che nessuno ha mai visto. E cantano nella chiesa i cori della messa solenne mentre i raggi di sole attraversano i fumi dell'incenso.

Anche i guardiaboschi sono discesi al paese, tranne i tre impegnati alla Polveriera e Bertòn, rimasto a custodire la Casa. Bàrnabo era allegro alla mattina presto, mentre scendeva a San Nicola; per un giovanotto ci sarebbe stato da divertirsi in una giornata così. « Facciamo questo, facciamo quello » tutti avevano fatto grandi progetti. Poi (Bàrnabo lo sapeva bene) gli altri si sarebbero fermati all'osteria fino a tarda sera. Lui, Bàrnabo, sarebbe invece andato al Tiro a segno dove nei giorni festivi si ballava.

Eccolo verso le due del pomeriggio, con le scarpe nuove e la piuma sul cappello, avvicinarsi al Tiro a segno per le piccole strade fuori di mano, piene di allegro sole, completamente solitarie. Ad un tratto in un angolo in ombra Bàrnabo incontra una vecchietta; per terra c'è il suo cane, una misera bestia bastarda, rovesciato da una parte come se stesse per morire, con dei continui singulti. Bàrnabo si ferma a guardare.

« Su, Moro, coraggio » la vecchietta dice piano piano alla bestia « coraggio che torniamo a casa. »

E il cane (il singulto si è fermato) si leva adagio e cammina, dondolando da una parte e dall'altra come se fosse ubriaco. Adagio adagio e la vecchietta lo segue. La bestia è ora sotto i raggi del sole, svolta dentro a una piccola via. Anche la donna è adesso scomparsa. Bàrnabo si ferma a osservare la via deserta. Poi riprende il cammino. Ecco, dopo pochi passi giungere, affievolita, una musica lontana.

Al Tiro a segno c'è un gran cortile, pieno di gente, contornato da un muro. Di fronte all'ingresso, su di un palco, alcuni giovanotti con chitarre, armoniche e un mandolino. Bàrnabo non scorge nessuno dei conoscenti. "Forse verrà qualcuno più tardi" pensa e si siede sopra una panca. "Se trovo qualche ragazza, anch'io voglio ballare." Già, lo capisce bene, quello non è un posto per guardiaboschi. Ci vanno persone piene di soldi, che vivono da gran signori. Figurarsi se qualcuno avrebbe badato a lui.

È cambiato il vecchio valzer, è diventato irriconoscibile. Lo suonavano da principio con i violini, tanti anni fa in una città lontana. A forza di viaggiare è arrivato alle montagne ma è arrivato stanco: lo si sente zoppicare, ha perso ogni allegria.

Bàrnabo non guarda più le ragazze. Guarda i rami verdi degli alberi al di là del muro, mossi dolcemente dal vento; tra le foglie biancheggiano le crode lontane inondate di sole. Sopra una cima c'è ancora il berretto portato da Bertòn. La piuma è ancora attaccata per un piccolo filo, dondola qua e là per il vento. Fra poco si stacca, state attenti che si stacca.

9

Intanto Bertòn è rimasto solo alla Casa nuova. Si è disteso sul prato, al sole, a guardare le montagne.

Lassù non c'è mai stato nessuno e nessuno forse mai arriverà; ma ci si diverte a osservarle, anche per delle ore. Adesso sono battute in pieno dal sole. Ecco, in fondo, la Pagossa che spinge verso oriente certe sue piatte propaggini.

Sono centinaia di anni che San Nicola è stato costruito. Vecchissimo è il campanile, e alcune case sono tanto decrepite da minacciare la rovina. Gli abitanti hanno fatto ponti e strade, si sono spinti in alto, per i boschi, fin che c'era legna da tagliare. Ma al limite dei ghiaioni tutti si sono fermati. Nessuno perciò ha mai sentito il rumore del vento sulle altissime creste. Le vedono da bambini le montagne, quelli di San Nicola, e hanno imparato anche a distinguerle per nome, ma nessuno pensa di salire fin dove si fermano d'estate le grandi nuvole bianche. Tanto, cosa si potrebbe trovare?

Bertòn continua a guardare le crode. Una piccola nube urta contro la cima della Pagossa, vorrebbe forse fermarsi ma il vento la spinge via. Rimane attaccato alla vetta un lembo di nebbia, pare un fumo, bianchissimo contro il cielo. La nuvola è già molto lontana ma ancora quel soffio candido non si è dissipato.

Il sole discende adagio, Bertòn sente avvicinarsi la sera. Dovrebbe tra poco giungere qualcuno dei compagni per dare il cambio alla guardia della Polveriera. Bertòn, con il pensiero, discende la strada, oltrepassa San Nicola, avanti avanti fino alla pianura. Si trova adesso in un paese lontano dinanzi alla propria casa. Suo padre, che fa il falegname, è seduto a riposare nella cucina. Sua sorella Maria è in stanza a cucire. Partito lui, la casa deve essere ben rimasta silenziosa. Ma c'è la vita davanti. Chissà se dovrà tornare.

Intanto, mentre Bertòn fantastica, in cima a una grande croda che sembra una torre franata, proprio a destra dei Lastoni di Mezzo, si solleva lentamente un leggero fumo. Non è nebbia, è proprio fumo nero che s'incolonna diritto nel cielo come se il vento si fosse fermato.

Bertòn si alza in piedi stupefatto. È inutile adesso gridare, suonare il corno o sparare fucilate. C'è qualcuno sulle crode, dove nessuno aveva mai avuto coraggio di andare. Si ha un bel dire briganti o assassini. Fin lassù sono arrivati, loro soli in cima alla torre di roccia.

Mentre il bosco si fa sempre più tenebroso, avvicinandosi la sera, le pareti si illuminano di rosso. A San Nicola i guardiaboschi bevono, ballano senza più pensare a Del Colle. Ma sì, andate su e giù per le foreste, sparate fucilate a vuoto, girate pure per dei mesi. Chi voi cercate è salito più in alto dei corvi, nessuno lo potrà pigliare.

Le ombre hanno riempito le foreste, salgono per i ghiaioni, le poche nubi si dileguano nell'azzurro. Nelle valli è scuro e i venti notturni intonano la loro voce. I rami si agitano. Anche le piccole erbe scricchiolano, preparandosi a dormire. Il canto degli uccelli si è fermato.

Lentamente Bertòn cammina per il prato nella direzione della croda lontana. Le cime riescono ancora a toccare i raggi del sole; si alzano portentose come nubi.

Bertòn si sente battere il cuore. Che venga presto la notte, che i suoi compagni non si accorgano di cosa c'è sulle montagne. Quelli della Polveriera, tanto, non avevano potuto vedere. Nessuno deve saperne niente; solo a Bàrnabo egli forse lo dirà, perché è suo amico. Del Colle giace con le spalle strette nella gelida caverna. Le ossa di Darrìo hanno visto appena adesso tramontare il sole. Ma a lui, Bertòn, ne rimane di vita. Oh, se ne rimane. Lo vedranno bene i suoi compagni domani mattina quando non riusciranno più a trovar-

lo. Dov'è andato Bertòn? chiederanno. È forse di servizio alla Polveriera? No, Bertòn non sarà alla Polveriera, non sarà
d'ispezione nei boschi e nemmeno a San Nicola. Sia battaglia se deve essere battaglia, cosa più c'è da aspettare?

Sì, lui e Bàrnabo partiranno domani mattina e spariranno
tra le montagne. I compagni li cercano, suonano, suonano il
corno ma invano. Il sole cammina per il cielo, nel silenzio del
mezzogiorno, tra le nuvole del pomeriggio, poi tramonta dietro il Col Verde, ma nessuno è ancora tornato. Sarà già sera,
con i lumi accesi, quando loro due saranno di ritorno nel bosco. Ma perché sono così laceri e stanchi? che cos'è quel pesante carico che portano sulle spalle?

« I fucili » essi risponderanno « tutti i fucili dei briganti. »

Bertòn ancora sta fantasticando quando arriva la notte.
Vento freddo tra gli abeti. Si odono finalmente le voci dei
guardiaboschi che ritornano da San Nicola: i soliti discorsi,
le solite risa.

10

Forse è giunto il giorno che Bàrnabo aveva sperato, nel buio, vicino alla Polveriera, quando stava sotto la pioggia. Ma adesso Bàrnabo ha paura. Si è alzato per primo tanto per far vedere che parte con entusiasmo; ma si è subito precipitato fuori desiderando il mal tempo. Nebbia greve ancora notturna su tutto il bosco e la spianata.

« Ho una grande paura » dice a Bertòn comparso sulla soglia « ho paura che il tempo ci freghi. È nebbia di pioggia questa. »

« Fa sempre così alla mattina. Col sole poi si scioglie. Di sopra è sereno. »

« Ma sul serio vorresti partire con questo tempo? »

« Fin sotto alle rocce si può sempre andare. Tanto è presto. Va' a prendere la tua roba. »

Partenza nella mattina caliginosa. I rami degli abeti umidicci, un vento che fa turbinare tra i tronchi folate di nebbia. Va avanti Bertòn per il sentiero con la corda a tracolla. Tranquillo come se dovesse andare a messa; capace di andarsene anche solo. Bàrnabo osserva le pietre della stradetta che mena alla Polveriera. Gli sembra che non sia la solita via. Anche attorno, quegli alberi, non li aveva mai osservati.

Nessuno li aveva visti partire né sapeva dove sarebbero andati, né li avrebbe potuti cercare. Il sentiero diventa più ripido. C'è un'afa. Bàrnabo si slaccia la giubba, si leva lo schioppo da tracolla per attaccarlo a una spalla. Ora sono al limite superiore del bosco.

« Ecco, qui bisogna tagliare a destra, girare sotto la Cima della Polveriera » fa Bertòn.

Presto escono dalla foresta; sui ghiaioni la nebbia comincia a diradare. Ora si scorge innalzarsi nera contro la luminosità d'oriente, con le pareti umide e gialle, la Cima della Polveriera. Perfettamente limpida, gelida e silenziosa. Il primo barlume di sole. Sarà una bella giornata.

Non è dunque più possibile pensare al ritorno. Bàrnabo non vede l'ora di arrivare alle rocce, di vedere com'è questa pazzia. Sempre su, per i faticosi ghiaioni, nell'ombra fresca della mattina. Ogni tanto si guarda in alto. Roccioni altissimi, costoni franati, lunghi spacchi tenebrosi che mandano gelidi soffi. Nessuno dei due sa parlare.

Sono giunti a un grande anfiteatro. A sinistra, la Cima della Polveriera, a destra la Pagossa; nel fondo, sopra ripidi gradoni, si possono scorgere i Lastoni di Mezzo e un pezzo della torre da cui partiva la fumata. Adesso conviene andare su diritti per un canalone roccioso, a brevi salti, da arrampicarsi con le mani. La torre si fa sempre più vicina ma si è tutta scomposta; non è diritta e liscia come da lontano, ma rotta con crepe profonde. Non dev'essere tanto cattiva. Tra poco si leva il sole.

Eccoli su uno spiazzo di ghiaia sotto alla vera parete. La cima è scomparsa; appaiono solo i primi salti a picco e sopra il cielo. Soffia un vento gelido che toglie tutto il coraggio. Intanto sulle alte crode giungono i primi raggi di sole. Adesso Bàrnabo vede le montagne. Non assomigliano veramente a torri, non a castelli né a chiese in rovina, ma solo a se stesse, così come sono, con le frane bianche, le fessure, le cenge ghiaiose, gli spigoli senza fine a strapiombo piegati fuori nel vuoto.

Bertòn comincia a salire, attaccandosi con le mani. Cadono dei sassi; il calcio del fucile batte contro le pietre con rumore di ferro. Bàrnabo, fermo, cerca di farsi animo. Perché rischiare la vita? Eppure a sua volta si muove, arrampicandosi con fatica. Gli è scappato di sotto un piede. Riesce a trattenersi a uno spuntone, con il cuore che batte altissimo. « È inutile, non ce la faccio. Lo sapevo che andava così. »

Dirà che si sente male, che quella strada è sbagliata, ma

no, di avere paura, Bàrnabo non lo sa confessare. Per le gambe gli passa un tremito nervoso, mentre grossi macigni mobili si staccano e fanno un lungo volo, di sotto, silenziosi, prima di frantumarsi nel fondo con grande suono. Si sente nell'aria un odore di polvere, odore di schioppettata.

Sono arrivati a un piccolo ripiano, in pieno sole. Sopra s'innalza un lastrone immenso con qualche screpolatura e in cima si vede come un camino a strapiombo.

« Di', Bertòn, abbiamo sbagliato strada, qui è meglio tornare. »

« Ma se si va su benissimo di qui. Cavati le scarpe e vedrai come resti saldo. Del resto, loro, non ci possono vedere dalla cima. Non c'è da affannarsi tanto. »

Bertòn sale adagio, tastando leggermente le rocce. Anche a lui, dopo qualche metro, tremano le mani nel cercare gli appigli. Ma ha già superato quasi il lastrone. Eccolo che è arrivato.

« Vieni su, ché il peggio è fatto » grida allora dall'alto.

Ma dopo circa un'ora i due si trovano su di un piccolissimo spuntone, coperto da un rosso strapiombo. C'è poco da dire; andare avanti è impossibile e scendere è da pazzi. Non si riesce nemmeno a vedere, tanto s'incurva nel vuoto, la strada fatta per arrivare lassù.

« Te l'avevo detto, Bertòn. Adesso siamo davvero fregati. »

L'altro non risponde, accoccolato sul terrazzino; guarda giù le ghiaie oramai lontane. Il sole è salito in alto senza che essi se ne siano accorti. Piccoli soffi di vento. Tutto è assolutamente tranquillo. Qualche minuscolo sassolino rimbalza di salto in salto. Di fronte si vedono le grandi torri dei Lastoni di Mezzo, con degli apicchi spaventosi. Una farfalletta bianca gira qua e là sopra i precipizi, attaccandosi ogni tanto alle rocce.

Sale dal fondo la paura. Dinanzi alla Polveriera la sentinella adesso sta camminando su e giù, illuminata dal sole. Una grande pace laggiù, tra i ghiaioni, una vita facile e beata. Non si pensa alla sconfitta, al pericolo di essere scorti dai briganti e tempestati di fucilate e di sassi. Bàrnabo ripete tra sé: non rimane niente da fare. Come Darrìo, come l'Ermeda.

Il suo lettuccio alla Casa nuova sarebbe rimasto così come lui l'aveva lasciato. Un pezzetto di candela rovesciato, lo ricorda benissimo, sopra la mensola vicina, e quattro cartucce vuote. Poi la pipa appesa a uno spago.

Ma Bertòn si mette a fischiettare lievemente tra i denti una canzonetta, qualcosa d'amore. Forza Bertòn, fatti coraggio, bisognerà pure tornare a casa. Egli guarda le rocce vicine, poi si lega con la corda e mentre Bàrnabo lo tiene, si cala giù di qualche metro e quindi comincia a traversare, in discesa, pencolando sull'immenso vuoto.

« Tieni, Bàrnabo, che adesso parto. »

Si è afferrato a qualche sporgenza che dall'alto non si vede nemmeno, è tutto accartocciato nello sforzo. Passata sopra uno spuntone, la corda cigola e freme, perde dei pezzetti di canapa che se ne vanno con il vento. "Adesso si finirà col precipitare" pensa Bàrnabo "la mano che si stacca, il colpo indietro nel vuoto, il gran volo, un terribile urto che entra nel cervello. Morti, eccoli in fondo dove finiscono le ghiaie."

È strano, adesso Bàrnabo non ha più paura. È ormai dentro alla battaglia. La corda si tende e cigola, già Bertòn è scomparso dietro lo spigolo. Eppure, aspetta un momento, eppure ci sono i boschi tranquilli nelle giornate di sole. La strada solitaria che scende a San Nicola, le sere alla Polveriera. Si ha un bel dire, ma c'è ancora tanta vita, perché si dovrebbe morire? La corda si affloscia improvvisamente, scivola giù per i lastroni facendo cadere dei sassolini. Bertòn deve essere giunto al sicuro. Arriva la sua voce allegra.

« Molla, che ci sono! »

Adesso tocca a Bàrnabo. Se scivolasse, farebbe un terribile giro di sotto prima che la corda lo potesse trattenere. Ma egli si cala giù a poco a poco, tasta con i piedi, senza vederli, i piccolissimi appigli. Nelle sue orecchie battono dei lievi colpi di vento, risuona fondo il battito del cuore.

È sera quando toccano nuovamente le ghiaie, grande sera limpida tra le montagne. Dalle mani esce del sangue, i vestiti sono stracciati. Bertòn corre giù a gran salti per le ghiaie, verso il bosco Bàrnabo ogni tanto si ferma; si volta indietro a guardare. Compare allora uno stormo di cornacchie che volano in formazione, regolarmente, sopra le cime degli abeti verso le crode.

Si sente, in mezzo ai recessi neri della foresta, partire una schioppettata. Allo sparo è successo un grande silenzio. Poi si sente l'eco lontana tra le altissime pareti. "Sarà stato Bertòn o un altro guardiano" pensa Bàrnabo; "ogni tanto si divertono a sparare, così tra i tronchi, per il gusto di sparare." Ma il cuore si è messo a battere forte.

Allora una cornacchia dello stormo comincia a stridere disperatamente, rimane indietro alle altre, benché batta più presto le ali. Ecco dov'è andata a finire la fucilata. Mentre le sue compagne si allontanano, la bestia si mette a volare disordinatamente, è stata ferita, si dirige verso la montagna. A momenti sembra che precipiti, poi si risolleva con rabbia. Passa sopra la testa di Bàrnabo, sempre con il suo lungo grido. Si perde nella lontananza. Rimangono nell'aria quei richiami, dalla parte della Polveriera.

Inoltratosi nel bosco, Bàrnabo incontra il compagno, nascosto tra i rami: non è stato lui a sparare. C'è un grandissimo silenzio. Si guarda in giro tra gli alberi, su per le ghiaie bianche.

« Sei stato un bel minchione a muoverti » dice Bertòn « se tu fossi stato fermo, l'avremmo forse potuto pigliare. »

« Chi? »

« Bravo, quello lì che ha sparato. Devono essere loro, quelli che hanno ucciso Del Colle. Adesso chissà dove è scappato. »

« Neanche in cento si potrebbe scoprirlo qua dentro. Cosa vuoi fare? Del resto chi ti dice che non sia uno dei nostri? »

« Ma fa' il piacere, a quest'ora... »

« Sarà stato Montani, lui gira da queste parti spesso. Dice che ci sono... »

« Oramai è scappato lontano. Ma aspetta, non si sa mai. »

Bisbigliano con voce sottile, si distendono tra i tronchi con il fucile in mano. Tutto è molto tranquillo come in qualche agguato. Eppure tra le cime degli abeti si è messo a passare il vento; un rumore quieto sulla boscaglia abbandonata. Si diverta, si diverta il vento; lui, che viene da lontano non si ferma a guardare chi c'è nascosto. Ha incontrato il fumo della schioppettata, l'ha trascinato con sé, lo porta in alto, lo disperde tra le ultime creste, come sempre solitarie.

11

Il sole entra placidamente per le piccole finestre dentro i grandi silenziosi granai in fondo alla valle illuminando i gialli cumuli di granoturco. In alto, dalle rocce della Cima della Polveriera, scende un'altra volta Bàrnabo; tra poco ha raggiunto le ghiaie. Stanchezza deliziosa. Il suo compagno Bertòn, già corre giù per gli sfasciumi facendo rotolare valanghe di sassi.

Bertòn e Bàrnabo sono tornati sulle crode, per la seconda volta, a cercare i nemici. Un fumo nero si era visto ancora, due giorni prima, sulla Cima della Polveriera. Eh, no, non era nebbia, tutti lo avevano ben guardato. Fumo di quel buono; e Bertòn e Bàrnabo, messi in turno di guardia alla Polveriera, ne avevano approfittato per partire quella mattina diretti alla Cima. Andiamo per la cresta, aveva detto Bertòn, così non ci possono tirar giù sassi.

Avevano trovato un gran silenzio. Contornata alla base la Cima della Polveriera, avevano preso una cengia molto ripida sul versante est, che portava quasi fino alla cresta. Poi cominciava l'affare serio. Nessuno certo dei guardiani si era avventurato mai da quelle parti. "Si potrà andare avanti? che non sia meglio tornare?" si domandava Bàrnabo con orgasmo ogni volta che Bertòn scompariva sopra di lui, arrampicandosi per le rocce a picco.

Metro per metro, erano così arrivati all'ultima cresta, tutta di rocce crollanti, battuta da un vento eterno. Aspettavano per lunghi minuti sotto al sole, sui piccoli piazzaletti ghiaiosi, sopra invisibili abissi, per udire se ci fosse qualche voce, per vedere qualche segno di uomo. Ma niente.

Sotto alla cima, in una specie di grotta dove nessuno li avrebbe potuti vedere, Bertòn aveva mandato finalmente un lungo grido, una di quelle voci che si sentono sulle montagne. Ma nessuno aveva risposto. Il vento, solo il vento, fischiava tra gli scheggioni di pietra.

Eccoli poco dopo in vetta. Bel gusto, tanta fatica per non trovare la più piccola traccia dei nemici. Ma Bàrnabo e Bertòn si erano sentiti contenti; intanto lassù nessuno li avrebbe potuti toccare. San Nicola, i compagni, tutto era lontanissimo.

Nel fondo si vedeva appena il piccolo tetto del posto di guardia, che non c'era da crederci nemmeno.

Le ultime paure erano finite al toccare le comode ghiaie. « Bertòn! » aveva gridato Bàrnabo al compagno già lontano « va' avanti tu alla Polveriera. Prendi la mia roba, io verrò direttamente più tardi alla Casa. »

Perché correre giù così presto? La sua bocca è tutta arsa, un taglio sanguina nel pollice sinistro. C'è un gran caldo nel canalone, colmo di ghiaie roventi. Ma Bàrnabo per la prima volta ci si trova bene. Nel cielo bianchissima si innalza la Cima della Polveriera. Poi la luce si affievolisce. È oramai troppo tardi per raggiungere la Polveriera. La guardia sarà stata sostituita.

Giunto quasi alle ultime propaggini delle pareti, Bàrnabo sente improvvisamente un grido, qualche cosa che non gli è nuovo. Dove ha sentito ancora quella voce? Si ricorda: è il grido della cornacchia ferita, udito l'altra sera. Infatti Bàrnabo riesce a scorgere la bestia, quasi stecchita sopra un ripiano della parete, con un'ala stesa contro la roccia. Sussulta regolarmente come per un singhiozzo. Le resta poco per morire.

Bàrnabo si è fermato. La vista di quell'uccello moribondo gli ha distrutta tutta la contentezza di poco prima. Salito per pochi lastroni, Bàrnabo ha afferrato la bestia. C'è del sangue sull'ala e un tremito in tutto il corpo.

Lui che è andato in cima a quella montagna ha paura di ammazzare un uccello? Eppure, con la cornacchia in mano, Bàrnabo si è fermato, pensieroso, a guardare le sovrastanti pareti. Si accorge che qualcosa gli sfugge; non lo riesce a fermare. Vede la Cima della Polveriera, come tutte le altre sere, con le stesse ombre, le stesse chiare pareti. Bàrnabo ne ha toccato la cima. Ma che cosa gli è rimasto? Dove qualche ora prima era risuonata la sua voce, adesso non si trova che il vento.

C'è un grandissimo silenzio, che fa udire lontanissimi rombi da valli sconosciute. La cornacchia è diventata immobile. Forse sta per morire. Bàrnabo la introduce nella grande tasca posteriore della giacca e continua la discesa. Ma adesso ha cambiato idea: invece che scendere alla Casa ritornerà alla Polveriera. È ancora presto e se scoprissero la sua assenza pianterebbero una grana.

Sono circa le quattro e mezzo del pomeriggio. Quando Bàrnabo, girando ai piedi della parete, sta per superare l'ultimo costone prima della Polveriera, echeggia lacerante nel vallone un colpo d'arma da fuoco. Che sia Bertòn a sparare? Che stupidi gusti. Tutto succede in pochi secondi.

Oltrepassato il contrafforte, Bàrnabo scorge quattro individui coi fucili che strisciano verso la Polveriera. Franze è sulla soglia del deposito, riparato dietro un sassone con lo schioppo, in atteggiamento di difesa, ma Bertòn non compare. Si vede Franze sparare un colpo ma senza colpire; gli rispondono tre secche schioppettate, facendo risuonare gli echi più lontani.

A Bàrnabo che sta per accorrere si ferma di colpo il respiro. Sopra di lui, a una cinquantina di metri, compare un altro individuo che gli punta addosso il fucile.

« Sta' fermo e non fiatare che ti... »

Un tremito nelle gambe. La lingua che non riesce a muoversi. Bàrnabo si ritira qualche passo, si getta dietro un lastrone. Si sente paralizzato dalla paura, se ne rende perfettamente conto, mentre si moltiplicano vicini gli spari.

Franze ha finito le cartucce. I quattro gli sono vicini. Due di essi lo tengono a bada, minacciandolo con gli schioppi. Gli altri con un pietrone si gettano contro la porta della Polveriera, cercando di aprire un varco. Gli spari sono cessati e nel vasto silenzio si sperde il rumore sordo dei colpi contro l'uscio, insieme con voci alterne. Così i briganti riescono a entrare nel deposito e dopo pochi istanti ricompaiono con alcuni sacchetti che si affrettano a nascondere nelle tasche.

Allora verso il Palazzo si alza un grido di allarme. È Bertòn che viene in soccorso. Chissà perché si era allontanato. Egli corre per le ghiaie incespicando. « Ferma! ferma! » Ma oramai non c'è nulla da fare. Prima che egli si sia avvicinato, gli stranieri si ritirano verso la sommità del ghiaione e ricominciano la sparatoria. « Ma tiraci, Bertòn, che cosa aspetti? » grida Franze congestionato. È inutile: la battaglia è perduta. Appena iniziato l'inseguimento, Bertòn si prende un proiettile in una gamba e cade. Gli echi delle fucilate si spengono e rimangono incerte voci. I nemici sono già lontani, scompaiono tra i roccioni.

Bàrnabo, rimasto impietrito dietro al macigno, ora sente un tremito che gli scuote tutto il corpo. Il pericolo è cessato ma lui non ha il coraggio di farsi avanti. Vigliacco, ecco che cos'è stato, vigliacco. Si fa indietro adagio adagio, perché i due compagni non lo possano vedere, rifà cautamente il cammino percorso: scenderà direttamente alla Casa, darà ad intendere di non esser stato presente alla scena; nessuno saprà quello che ha fatto.

Gira per ore nel bosco senza trovare requie, tormentandosi col ricordo, domandandosi perché ha avuto tanta paura, senza comprendere bene. Finalmente (già è scesa la sera) Bàrnabo si avvicina alla Casa. Dal di fuori sente un tumulto di voci. Distingue quella dell'ispettore; si vede che l'han mandato a chiamare. Bàrnabo apre lentamente la porta: « Santo cielo, cos'è successo? ».

« Eccolo qua » grida Franze. « Ma perdio dov'eri andato a finire? »

Tutti si fanno attorno. Rimangono solo immobili l'ispettore, appoggiato al muro e Bertòn sopra una sedia con una gamba bendata.

« Ah, un bel soldato » dice Marden, fuori di sé per l'ira « ti sei fatto proprio onore... »

Bàrnabo fa un passo indietro, sentendosi infiammare il volto e balbetta incomprensibili parole.

« Scappato? hai avuto paura? » domanda secco l'ispettore. Tutti gli altri stanno a sentire.

« Ma gliel'ho già detto » interviene Bertòn « gliel'ho detto che lui non c'era. Non ha capito che si era andati su...? »

« Sta' zitto tu che non c'entri. Sta' zitto e lascia parlare. Dunque, Bàrnabo, vuoi rispondere? »

« Ma se non c'era! » insiste Bertòn, « le dico che non c'era. Cosa vuole che sappia lui? »

Bàrnabo dimentica la vergogna e si sente un po' rinfrancato. Dunque nessuno l'aveva visto fuggire, nessuno potrà accusarlo. Finge di non sapere nulla.

« Ma mi dite che cosa è successo? »

« C'è da perderci la pazienza » fa l'ispettore voltandosi a Giovanni Marden « non c'è mica verso che parli!... Ah, ma non finirà mica così. Non si può lasciar passare! »

Si avvia verso l'uscita, seguito da Giovanni Marden e se ne va nella notte.

Il peggio è dunque evitato. Nessuno ha saputo la verità: che Bàrnabo per paura è fuggito dinanzi al nemico. Tutti credono che al momento in cui fu assalita la Polveriera egli si trovasse lontano, a caccia o qualcosa di simile. Non sarà dunque svergognato. Forse però lo puniranno lo stesso per abbandono di posto. I compagni glielo fanno capire senza tanti complimenti: sarà espulso dai guardiaboschi.

12

Come tutte le altre notti i compagni si sono addormentati. Un po' di luce entra dai vetri. Bàrnabo non riesce a prender sonno. Troppo dura gli è capitata. Non c'è più da farsi illusioni. Forse, se avesse insistito, se avesse fatto credere a Marden di aver lasciato la Polveriera per andare a cercare i nemici, sarebbe stato scusato. Ma la vergogna gli toglie ogni volontà. Bàrnabo sta invece a rimuginare perché aveva avuto paura. Oh, se invece in quel momento avesse osato, se avesse fatto fuoco e ucciso uno dei nemici. Ma è inutile fantasticare. Bàrnabo dovrà chiudersi dentro l'umiliante segreto e seguitare a rodersi il cuore. Allora gli viene in mente: se il brigante che egli aveva incontrato raccontasse in giro la verità? Se, fatto un giorno prigioniero, rivelasse la sua vigliaccheria? Viene un affanno, un terribile peso. Meglio davvero piantare tutto quanto e andarsene lontano.

Al mattino l'avrebbero così licenziato. Una busta con la paga. E poi solo con il suo destino. Era dunque l'ultima notte da passare nella Casa. Le ultime ore sotto le montagne. Del resto, poco importava questo ai compagni. Tante chiacchiere, tante risate, e adesso lui che se n'andava, cacciato come un cane, quelli continuavano a dormire. Un altro avrebbe ereditato il suo fucile.

Si rivolta nel letto sperando di addormentarsi. Almeno un po' di riposo. Il dito ferito dalle rocce gli duole. E nel petto un acuto dolore. Franze ora si muove. Forse si sveglierà e dirà a Bàrnabo qualche parola. No, non si ridesta; si agita solamente nel sonno, fuggendo chissà quali visioni.

Ora Bàrnabo, abituatosi al buio, distingue bene i mobili della stanza. Le assi del pavimento d'abete, una sedia con i vestiti di Franze, un piccolo pacco per terra che non si capisce. La sua giacca appesa al muro, un'ombra lunga e sospetta. Si odono i soliti piccoli rumori delle case abitate, di notte. Scricchiolii dietro alla porta. Una finestra che sbatte da sola. Il vago insistente suono del vento nella foresta. Un topo che si muove e il respiro dei compagni che dormono, questa notte così pesante.

Dunque non avrebbe più rivisto la Polveriera. Ci sarebbe potuto andare per conto suo; ma non sarebbe stato che un trucco, un amaro inganno a se stesso.

Inutile aspettare il sonno. Bàrnabo vorrebbe accendere una candela, tanto per farsi coraggio. Non farebbe che svegliare i compagni.

Un gemito tormentoso attraversa d'un tratto il silenzio.

Gli viene in mente che la cornacchia non sia davvero morta. Si leva adagio dal letto e si avvicina alla sua giacca appesa al muro. Introdotta una mano nella tasca, sente qualcosa di caldo. La bestia non è morta.

Tutto per colpa di quell'uccello. Se non si fosse attardato tra le rocce per prenderla, forse Bàrnabo sarebbe tornato direttamente alla Polveriera prima dell'assalto e, vicino ai compagni, l'avrebbe trovato bene il coraggio. Bàrnabo ora non ci pensa: egli immagina il mondo lontano dove gli toccherà andare. Gli sembra una grande strada con alte case bianche e carriaggi che passano senza interruzione. Una polvere gialla si leva nel sole ardente, togliendo il respiro.

Mattino limpidissimo con piccole nubi bianche che corrono per il cielo. Gli altri guardiaboschi sono già in giro per la foresta. Bàrnabo, seduto sulla panca all'ingresso della Casa, aspetta che venga il suo capo a comunicargli la punizione. Infatti si vede un uomo uscire dal bosco e avanzarsi per la spianata erbosa. È proprio Marden che si avvicina alzando ogni tanto gli occhi alla Casa. Bàrnabo non ha il coraggio di farsi avanti. Marden lo raggiunge con la faccia scura.

« Metterai la testa a posto, no? »

« Oh, glielo giuro » fa Bàrnabo con un primo sorriso, ma con le fiamme al volto « vedrà che ci metto ogni impegno. »

« Non qui, si capisce, dicevo » risponde freddo freddo Marden. « Spero bene che non ti sarai fatto illusioni. Farai giudizio, va' là, da un'altra parte. Eccoti intanto la paga. E che Dio ti benedica. »

Marden sta per entrare nella Casa quando si volta:

« Il fucile, si capisce, lo lasci; invece il vestito te lo puoi portare con te, sebbene non sia di regola; senza le mostrine, si capisce. »

Tutto così, semplicemente.

Bàrnabo, nella stanza deserta, prepara il sacco per partire. La cornacchia che ha ripreso la vita si è appollaiata su un piolo di legno infisso nel muro e sembra osservare immobile. Uno sconosciuto l'aveva ferita; essa aveva chiamato aiuto e Bàrnabo se ne deve andare.

Sono due anni che Bàrnabo non tocca il suo sacco. L'ultima volta che lo aveva adoperato era stato per un lungo giro fatto in compagnia degli altri guardiaboschi fin oltre il Pian della Croce. L'ha tirato giù pieno di polvere, da sopra uno scaffale. I suoi passi risuonano in modo nuovo nella camera deserta.

Mette nel sacco la sua biancheria, il suo vecchio abito di velluto rigato, ora diventato quasi giallo, con il quale era giunto tre anni prima a San Nicola; le scarpe di panno, l'immagine della Madonna con cornice e vetro, vecchia della sua casa; il pettine, il sapone, un altro vestito da caccia che si era comperato qualche mese prima. Dopo mezz'ora la cassetta del guardiaboschi Bàrnabo è quasi del tutto vuota; vi rimangono ancora un paio di fasce stracciate, un mazzo di carte unte e bisunte, mezza candela, la canna di una vecchia pistola. Questi i suoi ricordi.

Bàrnabo lentamente tira lo spago per chiudere il bagaglio.

Le nubi che aumentano nel cielo interrompono tratto tratto i raggi del sole nella stanza. Esse vanno verso la montagna, forse si farà cattivo tempo.

Ma Bàrnabo vuole lasciare tutto così come se la stessa sera dovesse fare ritorno. Il letto con le coperte ben stese. La candela sulla panchetta vicina. Il suo posto infatti è ora perfettamente uguale a quello degli altri, di coloro che torneranno.

Tutto è pronto. Non resta più nulla da fare. Bàrnabo si sente un sapore amaro in bocca. No, non si può davvero piangere con una giornata così bella. Si è messo il sacco sulle spalle.

Già, si dimenticava. Non ha preso le scarpe da festa, riposte sotto il letto. Non gli dispiace quel contrattempo. Così si ferma qualche minuto, con una buona ragione. Poi spalanca ancora la finestra: che si cambi un po' l'aria senò questa sera nessuno riuscirà a dormire. Entra un vento fresco e dolcissimo. Il sole è al colmo del cielo e lotta sempre con le nubi. Giunge l'eco di una canzone, un suono assai lontano che non sembra nemmeno vero. Bàrnabo ha la gola amara e sulle labbra un lieve sorriso. Una mosca gli vola attorno. Tutto è a posto, tutto è tranquillo. È questa l'ora di partire.

Di nuovo, Bàrnabo, prima di discendere la scala, si ferma a guardare indietro. I letti in fila, i rettangoli di sole sul pavimento, tutta una esistenza felice.

Dovrebbe salutare i compagni ma essi sono tutti in giro. Già, il servizio, le esigenze del servizio; ma qualcuno poteva ben fermarsi. Che vadano tutti all'inferno. Li saluterà un'altra volta.

Preso da una lieve stanchezza, Bàrnabo si è seduto nella sala del pianterreno. Ha i gomiti sulla tavola, guarda fisso davanti e non si è accorto che la cornacchia, da lui dimenticata, è scesa in silenzio dietro a lui e si è appollaiata su una spalla.

Ma ecco una voce chiara fuori sulla spianata. « Bàrnabo! Bàrnabo! » Il compagno Bertòn è tornato. Appare sulla soglia, contro lo sfondo di sole, zoppicando per la ferita. Sorride. « Addio, Bàrnabo. »

Bàrnabo si alza, non sa cosa dire, gli tende la mano. « E com'è la ferita? »

Silenzio; ci son le nubi che coprono il sole.

« Eh, chi l'avrebbe mai detto » fa Bertòn; poi aspetta qualche minuto. « E adesso dove pensi d'andare? »

« Non so. Non so davvero. Alla Cima della Polveriera... »

Sorridono; sono usciti ma si arrestano di nuovo. La porta, una volta era verniciata di verde. Ora il colore si è screpolato. Qualcuno con un coltello ha scolpito le lettere: SAN NICOI. Più in basso si vedono i segni delle scarpe ferrate che tutti, per entrare, vi battono contro. Gli scalini di pietra in pochi mesi si sono levigati e sopra ci camminano alcune formiche. Tutto questo Bàrnabo considera attentamente, con la testa un po' reclinata.

I due guardiaboschi camminano per il prato, l'uno di fianco all'altro; sulle crode passano grandi ombre. Camminano entrambi adagio, guardando per terra. Nessuno dei due si è accorto che la cornacchia vien loro dietro saltando faticosamente. Attraversano così la spianata non in direzione della strada che scende a San Nicola, ma della Casa dei Marden. Bertòn fa così per non dare all'amico l'impressione di accompagnarlo verso l'uscita; l'altro perché non ci pensa.

« E da quanto tempo è? » domanda Bertòn con la sua voce chiara.

« Tre anni, non ti ricordi, e pareva... » Bàrnabo ha un leggero sospiro. Sono al ciglio del bosco. Bàrnabo non sa parlare. Fa segno, così, con la testa, sorridendo lievemente, a una altissima croda, tutta splendente di sole. Poi abbraccia Bertòn. Guardate adesso che si allontana.

13

Lasciata la Casa nuova e inoltratosi un po' nel bosco, Bàrnabo si fermò a sedere in una piccola radura. Guardò a lungo la catena delle montagne mentre più dense e pesanti si facevano le nubi. Tutte le cime stavano attorno, immobili e burrascose.

Si rimise il sacco sulle spalle. Guardò le immense rocce cupe per la tempesta imminente, i boschi senza confini, la caligine della lontana pianura. Da quel punto partivano due sentieri: uno raggiungeva la vecchia Casa dei Marden; l'altro scendeva a innestarsi alla strada famosa, fonte di tante discussioni.

Dopo essere rimasto un momento a pensare, Bàrnabo prese la via di discesa. Molte nubi si erano raccolte sulle montagne ma nel bosco, in basso, si spandeva ancora il sole. Un passo, due passi, adagio. Solo allora Bàrnabo si ricordò della cornacchia e si voltò indietro per vedere se essa lo avesse seguito. Ma tutto era perfettamente deserto. Anche quella bestia, si capisce, era rimasta lassù. Da quel momento Bàrnabo proseguì la discesa più rapidamente.

Nella famosa strada avevano posto, uno di fianco all'altro, tanti sassi regolari, gli orli esterni erano stati ben tagliati, sostenuti da un piccolo terrapieno; un lavoro fatto sul serio. Ma ora si vedevano ovunque erbacce. Qualche tratto era già in rovina.

Anche a scendere c'era un bel caldo. Bàrnabo sudava per il

peso del sacco. Cercò ad un tratto con la destra, sulla spalla, la cinghia del fucile. Una vecchia abitudine.

Certo che per San Nicola non sarebbe passato; tutti gli avrebbero fatto delle domande fastidiose. Giunse perciò alla sera ad un'osteria, vicino a un ponte, tra i boschi d'abeti. Entrò nello stanzone dove non c'era nessuno. Ritornato quindi all'aperto si sedette sopra una panca. Di là si vedevano solo le tre Cime di San Nicola, emergenti dal bosco, con le torri bizzarre. Erano molto lontane; parecchie ore per arrivarci sotto.

Ecco giungere un carro di tronchi d'abete. Un omaccione dal fare importante e due altri, in maniche di camicia, più piccoli, che sembrano taglialegna. Si siedono nella stanza interna e parlano forte. Ogni tanto Bàrnabo sente le loro parole. Litigano per un affare di denari. Ad un tratto si mettono a ridere. Il carro è rimasto fermo in mezzo alla via.

« Si è cominciato con queste seghe americane » dice uno « due anni fa. No, non è di più. Costano 300 lire. Garantisco che è la stessa cosa di quelle nostrane. »

« Ma la tempra? »

« Che tempra, perdio. La stessa cosa, sono; le conosco bene. »

Le rocce delle montagne sono adesso nere sotto le grevi nubi. Anche un tuono si sente che viene da lontanissime parti.

Tac, tac, alcune gocce battono sulla polvere della via facendo delle chiazze. Bàrnabo si leva, prende il sacco e si fa accompagnare in stanza. Uno dei taglialegna che non lo aveva visto entrando, riconosce ora il suo vestito e saluta: « Buonasera ».

Buonasera. Su, per la scala di legno. Bàrnabo non ha fame, si getta sul letto. Salgono dal pian terreno le voci, entra una luce di tempesta, il vento agita le tendine. Lassù alla Polveriera sarà una grande piova. Bàrnabo osserva il suo sacco appoggiato sopra un cassone. È tale e quale l'aveva preparato alla Casa nuova, tre o quattro ore prima. Eppure sembra passato molto più tempo. Sono bastate poche ore di marcia per staccare Bàrnabo da tutta la sua esistenza di guardiaboschi. Cosa rimane di tutto quel tempo passato? Il sacco, il vestito e qualche altro indumento. C'è poi della terra, alcuni piccoli sassolini incastrati tra i chiodi laterali delle sue scarpe. Sono ancora frammenti della montagna, degli altissimi ghiaioni.

Ora Bàrnabo cerca con affanno, con desiderio disperato tutto quello che gli può ricordare il tempo trascorso, che porti in sé qualcosa delle grandi crode. Persino alla sua ferita al pollice si è affezionato; erano state le rocce della cresta a fargli male. Egli guarda attentamente il taglio già rimarginato e secco. Peccato se quel segno scomparisse troppo presto. Perciò egli apre i due margini, tira di fianco la pelle, fa uscire ancora qualche goccia di sangue. Proprio come due giorni prima, sotto i grandi roccioni della Cima della Polveriera. Gli sembra, rinnovando il male, di tornare indietro, di respingere il tempo, d'essere ancora quello di prima, Bàrnabo vittorioso che tornava dalla vetta sconosciuta. La pioggia batte rumorosamente sul tetto di zinco. Se ci fosse almeno Bertòn da scambiare qualche parola. Bàrnabo è ora seduto sul letto e aspetta che venga scuro.

Quando si risvegliò al mattino, le nubi della tempesta, esaurite, se n'andavano dal cielo. Attraverso le tendine Bàrnabo vide luccicare di sole il bosco vicino. Si vestì senza premura, prese il saccò, si fermò sulla soglia per vedere se avesse dimenticato qualcosa. C'erano circa quindici chilometri per arrivare ad Arboi. Di là, con un treno, sarebbe andato alla casa di Giovanni Bella, suo cugino, che abitava nella lontana pianura.

Pochi metri fuori dall'osteria, dove un sentiero si inoltrava nel bosco, Bàrnabo sentì che un'ombra nera gli passava dietro alla schiena. Era ancora la cornacchia. Per tutta la notte, dopo averlo seguito non vista, sbattendo faticosamente l'ala spezzata, essa l'aveva atteso fuori dell'osteria, su di un ramo, sotto la tempesta. L'acqua l'aveva raggiunta e, inzuppatesi le ali, la ferita, tutta fradicia, si era nuovamente gonfiata.

Così Bàrnabo se la prese sulla spalla. Gli avrebbe ricordato le crode, quella bestiola inferma. Anch'essa conosceva le rocce, gli interminabili ghiaioni. Peccato che non potesse parlare.

Strada della pianura, un grande polverone, gli alberi ormai gialli. C'è la casa di Giovanni Bella, cugino di Bàrnabo. Sulla strada si apre un'osteria. Di dietro: la stalla, il fienile, un piccolo forno e dei campi. Si scorge, non lontana, una bassa collina e ancora più distanti, quando è sereno, si vedono delle montagne verdi.

Sopra la porta dell'osteria c'è una targhetta di ferro con il numero 846 ed è stata dipinta la scritta "Trattoria del Bersaglio". Giovanni Bella è seduto al tavolo con altri due contadini. Viene avanti un individuo per la strada. È Bàrnabo, oramai è stanco; qui comincia la sua nuova vita.

14

Vita da contadini. Bàrnabo, all'ombra di un noce, nel pomeriggio di luglio, batte con il martello una falce. Il rumore metallico si spande lontano. Una grande nuvola bianca ad oriente sta ad indicare che molto tempo è passato.

Non era allegro i primi giorni. Girava da solo la campagna per ore intere e nessuno poteva rivolgergli la parola. Poi Bàrnabo si era adattato, tanto più che pensava di poter tornare un giorno o l'altro a San Nicola. Immaginava spesso di partire con Bertòn come quella mattina e di dare battaglia ai briganti. Aveva così ripreso a ridere, lavorava tutto il giorno e il sole scoloriva i ricordi.

Di notte, la cornacchia si metteva sopra un paletto, di fianco alla finestra. Qualche volta entrava la luna e l'ombra della bestia si appoggiava sul letto di Bàrnabo addormentato. Allora la bestia non era tranquilla e se i vetri erano socchiusi scendeva spesso sul davanzale a guardare la campagna.

Uno dei primi giorni Giovanni, il suo cugino, presso il quale era ospite, gli aveva detto:

« Ma non starti ad arrabbiare. A tutti può capitare. Anch'io, quand'ero soldato qualche volta avevo paura. È inutile, se non si sta bene, anche il morale ne risente. »

« Paura, che cosa paura? » aveva risposto Bàrnabo, allarmato. La storia della Polveriera era arrivata anche ai suoi cugini e si era sospettato della sua vigliaccheria? Quel giorno tanta era stata la sua rabbia che avrebbe voluto partire e far vedere un po' se lui aveva ancora paura. Poi nessuno gli aveva più detto niente. Giovanni gli aveva ripetuto che ben volentieri lo avrebbe tenuto alla sua fattoria, dove c'era bisogno di lavoratori. Ora sono passati due anni. I guardiaboschi non sono mai esistiti. Il tempo buono è passato e Bàrnabo l'ha lasciato andare.

Nei primi tempi Bàrnabo cercava qualche cosa che ricordasse le montagne. Osservava persino i muri delle case confrontandole mentalmente con le grandi pareti. Stava dei minuti a contemplare dei sassi raccolti da terra che ingrandiva facilmente con la fantasia e sui quali immaginava difficilissime vie di salita. Purtroppo nella campagna non c'era neppure qualche roccia, qualche precipizio. Nel fondo c'era, sì, un valloncello, ma pieno di arbusti e di piante.

Un giorno, verso il tramonto, era entrato con Giovanni in una bottega dove vendevano tabacco e spezie. C'era un caldo terribile; su una parete Bàrnabo aveva visto una stampa colorata che rappresentava un piccolo paese con delle montagne. Per disegnare così le montagne, bisognava davvero non averle mai viste. Era quello tutto un mondo diverso: anche la bottega, anche quella campagna. Era entrato così nel petto di Bàrnabo un affanno, non c'era più aria da respirare. Ritornato poi fuori, sulla via, Bàrnabo si accorse di aver perduto qualcosa ma non riusciva a ricordare. Sentiva una mano vuota e questa sensazione gli toglieva ogni coraggio. Fu solo quando stava per rientrare al Bersaglio che pensò come da parecchi giorni avesse lasciato il fucile.

Si mise allora a risparmiare rabbiosamente per potersi comperare uno schioppo. Dopo tanto penare Bàrnabo adesso ha il suo fucile, un bell'arnese a una canna, con il cane esterno, a retrocarica. Così lascia passare i giorni e qualche volta gli pare di essere ancora contento.

I giorni fanno presto a fuggire e sono già passati quattro anni. Una sera, stanco per aver lavorato, Bàrnabo va in camera sua a riposare. È cominciata la primavera e nel cielo c'è un quarto di luna, mezzo velata da tenui nebbie. Sempre così questa stagione: si crede di avere un gran sonno e poi non si riesce a dormire. Bàrnabo si rigira inquieto tra le coperte. Ecco là, contro la debole luminosità della finestra, la sagoma della sua cornacchia. Si è addormentata sul piolo col becco rivoltato sotto l'ala e Bàrnabo, guardando, si accorge che la bestia è cambiata. Forse è il gusto di dormire che le fa arrotondare in tal modo le penne; eppure prima non l'aveva mai fatto. Entrano dalla finestra i resti di un vento lontano, aria profumata di primavera. La voce d'una rana che va avanti sola a cantare. Guardando la sua cornacchia, anche Bàrnabo si è addormentato.

Chissà cosa ha mangiato quella bestia. Anche il giorno dopo è tutta gonfia e si muove con fatica. Sulla spalla di Bàrnabo, che lavora per i campi, essa batte ogni tanto con il becco come se volesse dire qualcosa.

Poi per due giorni sta senza cibo. Si è ancora più gonfiata e le penne invece che lisce e nere sono opache e arruffate. Al mattino, quando Bàrnabo è uscito al lavoro, la bestia non ha avuto più la forza di seguirlo. Saltata giù dal paletto, è ruzzolata per terra mandando delle leggere voci.

Al ritorno del padrone alla sera, l'uccello è sul davanzale, quieto. A guardare però da vicino si vede che ha un piccolo tremito che la scuote ininterrottamente. Appena Bàrnabo entra nella stanza, la cornacchia socchiude il becco, voltando verso di lui la testa. Adesso il tremito si fa più intenso. Fuori c'è un cielo sereno con i riflessi del tramonto.

Una sera tranquilla e felice. Bàrnabo è diventato serio in volto, si è fermato a pensare.

Allora con uno sforzo la cornacchia si getta fuori dal davanzale, fino a raggiungere il ramo di un pero. Da questo punto, verso il Nord, si vede la bassa catena delle prime montagne con sopra cumuli bianchi trionfali, raggelati dalla sera. Tendendo la testa da quel lato la bestia si mette a gracchiare con lunghe grida. È la voce di quattro anni prima, la stessa che era risuonata sulla foresta dopo il misterioso colpo di fucile e che era salita anche tra le pareti altissime, rimandata di eco in eco. È forse il primo istinto che si risveglia; forse un richiamo alle grandi crode, alle foreste lontane e ai compagni scomparsi. Attorno è la verde campagna nella larghissima pianura. Si vede la cornacchia scuotersi improvvisamente, poi riprendere i colpi d'ala, alzarsi a poco a poco nell'aria, allontanarsi sempre più. Una fuga disperata verso le nubi del settentrione. La bestia si fa sempre più piccola finché si perde all'orizzonte. Ma ancora per un pezzo echeggia lamentoso quel grido.

Al lume di una lampada a petrolio, in una stanza a pianterreno, mentre gli altri sono già a dormire, Bàrnabo è seduto a un tavolo. È una di quelle notti in cui sembra di sentire il tempo che passa. Su una parete è una larga macchia prodotta dall'umidità, che forse anche in questo momento sta allargandosi a poco a poco. Su una panca c'è il cappello di Giovanni Bella. Qualche farfalla batte contro la lampada. Si sentono i grilli cantare insistentemente mentre ritornano i vecchi ricordi di un turbine senza fine. Bàrnabo avrebbe vergogna se qualcuno lo potesse vedere: neanche una donna starebbe lì tanto a pensare per la perdita di una bestia. Eppure Bàrnabo si sente inchiodato sulla sedia; in mezzo alla pianura, nella casa silenziosa, capisce di essere solo, completamente abbandonato. Perché c'è poco da dire: quella cornacchia era venuta con lui dalle montagne e di quella vita era l'unica cosa rimasta, l'ultima continuazione. A Bàrnabo viene in mente che esiste una vecchia strada, ormai piena di erbacce, che sale fino ai ghiaioni. Sopra si elevano le crode immense dove qualche volta crollano delle frane facendo strani rumori. Ecco, le ripensa ancora, con il bianco sole del mattino, in una quiete meravigliosa. Non si capisce perché la luce della lampada si sia messa a tremolare. Bàrnabo, come una statua, sta a rivangare il passato e fuori c'è un gran cantamento di grilli che durerà tutta la notte.

15

Un pomeriggio mentre stava tagliando dei rami di salice vicino al fiume, Bàrnabo sentì una voce che lo chiamava. Si accorse che il cuore si era messo a battere forte; lasciò cadere a terra la roncola. Si sforzava di capire: di chi era quella voce? Poi corse su per la riva, per la stradetta viscida di mota. Uscito dalla boscaglia, sul ciglio del prato verde e regolare, vide Bertòn che lo aspettava in piedi.

Dopo aver abbracciato il vecchio compagno, Bàrnabo non sapeva trovare parole. Bertòn non era cambiato, sempre così sereno e allegro. Anche lui aveva lasciato San Nicola per andare all'estero da un parente. Anche lui, come Bàrnabo quattro anni prima, portava nel viaggio la divisa dei guardiaboschi. Anche per lui quella vita, tra le montagne, era terminata. Ma Bertòn era partito di propria volontà, tanto che i compagni gli avevano fatto festa.

Bàrnabo l'accompagnò alla casa. « Ero giù che tagliavo dei rami » spiegò e sorrideva senza riuscire a trovare l'antico affetto. Si trattava del suo migliore amico e con lui era salito sulla Cima della Polveriera; Bertòn aveva inoltre cercato di salvare Bàrnabo davanti all'ispettore. Eppure non c'era nulla da dire: proprio come se si fossero visti la sera prima. Anche Bertòn del resto sulle prime non sapeva cosa dire. Nella sua stanza, asciutta e tranquilla, nella sera un po' nebbiosa, tra un odore di granoturco e di mobili vecchi, Bàrnabo fece vedere all'amico il suo fucile da caccia. Avrebbe fatto preparare intanto un letto perché Bertòn vi potesse passare la notte.

Così, a tarda ora, quando tutti furono a dormire, rimase accesa la lampada a petrolio. Bàrnabo era seduto sulla panca e Bertòn, appoggiato al tavolo, dinanzi a un boccale di vino, raccontò quello che era accaduto.

Quattro anni prima, dopo la partenza di Bàrnabo dalla Casa dei guardiaboschi, per giorni e giorni si faticò inutilmente a dar la caccia ai briganti che avevano ucciso Del Colle, assalita la Polveriera. Tutti i guardiani, insieme con alcuni gendarmi venuti apposta da San Nicola, si spinsero per la prima volta in mezzo alle grandi crode, su per il canalone della Polveriera, fin sotto i Lastoni di Mezzo e contornarono poi le tre grandi Cime di San Nicola, fin oltre il Piano della Croce; o vivi o morti, avevano detto, ma bisognava finirla. In quei giorni autunnali, tra nebbie fluttuanti, vi fu tra le crode rumore di sassi, qualche richiamo affievolito. Ma non venne incontrato nessuno, non si udì alcun suono sospetto. Un giorno infine si ammucchiarono le nubi e cadde la prima neve.

Fu a Montani che venne in mente: i briganti non potevano essere tornati alla Casa dei Marden? Che di notte, sperduti tra i boschi non ci andassero a dormire? Qualsiasi altro avrebbe avuto paura a passare le notti da solo in una casa così abbandonata.

Ma Montani a certe cose non pensava e per qualche settimana ogni sera, al tramonto, anche quando c'era già qualche centimetro di neve, andò a chiudersi nella vecchia caserma. Poi, sprangata la porta, senza accendere il lume, si metteva a fumare, aspettando.

"Si capisce" pensa Montani "non verranno subito, bisogna avere pazienza." Ma finalmente una notte, saranno state le dieci, Montani che si è assopito su un mucchio di fieno con il suo fucile, viene d'un tratto svegliato. Battono alla porta dei colpi tanto forti da farla crollare. Montani nel buio sorride. È venuta la sua ora.

Fattosi dietro alla porta egli aspetta tenendo il fiato. Si sente una voce di fuori: « Corpo dell'ostrega, vuoi vedere che mi sono sbagliato? ».

Montani sta fermo dietro la porta, attende ancora per qualche istante, poi chiama: « Chi va là? ».

« Meno male che c'è qualcuno. Non è questa la Casa dei guardiaboschi? »

« Attento a non fare cattivi scherzi, dico, c'è qua dietro uno schioppo pronto. »

« Apri, avanti, che son tutto bagnato. »

Sì, è vero, si sente la pioggia che fruscia sull'erba e risuona anche sul tetto. Montani apre la porta.

In seguito Montani distingue un uomo sui trent'anni, con la barba. L'uomo dice di essere venuto su da Arboi per vendere ai guardiaboschi un fucile. S'è seduto tranquillamente sul fieno, proprio di fronte a Montani, il quale tiene per precauzione lo schioppo sulle ginocchia. Di fuori continua la pioggia. Le parole risuonano nelle stanze vuote. La fiamma della lanterna va sempre più abbassandosi.

« Eccolo qui il fucile. È vecchio, non sarà bello, ma così robusti adesso non se ne trovano più. E poi che mira; bisogna vederlo nelle mani di un buon tiratore. »

Montani si avvicina senza lasciare la sua arma, per osservare. Ma non parla. Si avvicina e guarda lo sconosciuto. La luce rossastra oscilla. È giunto il momento buono. Montani alza il fucile contro la faccia dell'altro. « Lascia andare quello schioppo » grida « in alto le mani. Mi credevi così minchione? »

Lo sconosciuto salta in piedi, con un sorriso smarrito, con le braccia alzate:

« Cosa ti viene? sei diventato matto? »

« Matto o non matto, adesso non ti muovi fino a domani mattina e poi verrai con me alla Casa. Siediti adesso in quell'angolo. »

Montani si è impadronito del fucile. Si sente una grande umidità. Oramai Montani è padrone della situazione. Ma nell'angolo lo sconosciuto riprende:

« Cosa credi, che venga giù dalla montagna? che sia uno dei ladri? Ma sei proprio diventato pazzo? »

Montani lo sta guardando e sorride. Dall'angolo quasi buio viene la voce lamentosa:

« Proprio qui sarei venuto, se fossi un contrabbandiere. Si vede che non li conosci, si vede che non sai che gente sono. Credi che mi sarei lasciato pescare così da stupido? »

« Stai a sentire » continua lo sconosciuto, perché Montani non risponde. « Tu adesso vorresti ficcarmi in prigione. Sei un vigliacco, ecco quello che sei. » La sua voce ora è mutata; pare anzi quasi che rida. La luce si fa sempre più fioca.

« Sarà dieci giorni fa, ho incontrato uno di voi. Ma è inutile, con un bestione come te, è inutile parlare... » La voce si è interrotta. La fiamma della lanterna ha dato gli ultimi sprazzi e la stanza è rimasta al buio. Montani allora grida:

« Sta' fermo, ti avverto, al primo rumore che sento è una palla che ti arriva. »

Ma nell'angolo, uguale a prima, la voce dopo un poco riprende:

« Sta' a sentire. Una volta ho pensato. Se tu sei con un compagno e uno ti assalta per la via, non hai ragione di sparare? Ah, non parli? » C'è un breve silenzio. Montani vorrebbe accendere una candela ma non si fida a lasciare il prigioniero. Adesso c'è anche quel maledetto vento che si è messo a sbatter la porta. Ad un tratto Montani conosce davvero la paura. È stata solo una parola a spaventarlo.

« Montani » ha detto la voce nel fondo « Montani, stammi a sentire. »

Come faceva quel brigante a conoscere il suo nome? La pioggia è sempre più violenta, scroscia adesso sul tetto a cataratte. La porta va su e giù, cigola malamente.

« Montani » dice la voce, placida « lasciami andare. È ora che continui il mio viaggio. Oramai, tanto non mi potresti colpire. Poco fa, senza che ti accorgessi, ho cambiato posto. Io, invece, ti vedo contro la fessura dell'uscio. E ho qui una rivoltella. » La voce si è alzata di tono e Montani freme di rabbia. Ah, no, perdio, che non si lascerà giocare. Una fiammata, un rimbombo lacerante, un odore di polvere; la voce dall'angolo in fondo, che ride tranquillamente.

« L'hai sbagliata, te l'avevo detto. Adesso te ne puoi andare. È inutile che tu cerchi di ricaricare il fucile. Al primo rumore io sparo. »

Montani comprende che c'è poco da fare. Lasciarsi ammazzare così nemmeno per sogno. Adesso se n'andrà, va bene, ma poi aspetterà quella canaglia al varco. Ecco illuminarsi la lanterna. L'ha accesa silenziosamente il brigante, che tiene sempre la pistola puntata contro Montani. Il guardiaboschi è già sulla soglia. La porta viene chiusa con fracasso e la luce di nuovo si spegne.

Così fino al mattino, sotto la pioggia autunnale, Montani aspettò, con il fucile carico, che lo sconosciuto uscisse. Ma niente. Nelle prime luci dell'alba la vecchia casa dei Marden era nera come fosse di carbone. Montani vedeva la porta che dondolava sui cardini, mossa dal vento. E si vedeva nell'interno, attraverso lo spiraglio, il buio. Poi, quando, venuto giorno, si decise a entrare, non trovò più nessuno.

Lo stesso uomo misterioso fu rivisto da Montani alcune settimane dopo quando già parecchia neve era scesa nei canaloni e sulle cenge. Così bianche, le montagne erano ancora più silenziose. Montani, per il freddo intenso, avrebbe rimandato la sua vendetta alla primavera seguente, se una mattina non fossero state scorte, nella parte superiore del vallone della Polveriera, alcune orme di uomo.

Senza dire nulla a nessuno, egli prese molte cartucce. Salì attraverso i boschi, oltrepassò la Polveriera, toccò con terribile fatica la sommità delle ghiaie, oltrepassò la forcelletta e scese nell'altro versante. Era un'immensa vallata chiusa nel fondo della Cima Alta. Da quel lato, per una cengia, continuavano le tracce umane.

Allora il silenzio fu attraversato da un colpo di fucile. Molto più in alto, sopra una sporgenza della rupe a picco, comparvero due uomini che presero a sparare schioppettate in basso, probabilmente contro i camosci.

Montani non aveva sperato tanta fortuna. Con infinite precauzioni, egli riuscì a salire per un canale, con le mani gelate. Dei corvi volavano attorno, fischiando, in modo insolito, mentre alle fucilate si aggiungeva il rombo dei sassi crollanti.

Quando Montani fu all'altezza dei due sconosciuti, poté

anche vederli meglio. Uno, non poteva esservi dubbio, era il visitatore dell'altra sera. L'altro, sopra un vertiginoso ballatoio, sembrava ancora più deciso del compagno. Dopo avere sparato tre o quattro colpi in basso, prese a scaraventare giù, chissà per quale ragione, grossi macigni che, battendo sulla parete, provocavano altre frane, con un rumore di finimondo. Ma non si era accorto dell'arrivo del guardiaboschi.

Per potersi avvicinare, Montani doveva attraversare un ripido canale di neve. Ma appena egli ci mise piede, rovinò dall'alto una frana di ghiacci e di sassi. A nulla valse aspettare per oltre un'ora nella speranza di poter oltrepassare l'ostacolo. Appena il guardiaboschi faceva per superare il canale, era un terribile scroscio di macigni e di neve, come se sopra si trovasse qualche nemico. Poi, i due briganti disparvero e Montani si trovò sulla parete gelata, tra un crollare di misteriose frane. Solo a tardissima sera, dopo una terribile lotta, stremato dal gelo, egli raggiunse la forcelletta donde era venuto. Tutta la montagna era attraversata da fruscii sordi, come di un esercito in vedetta.

Erano tornati i tempi gloriosi delle leggende sulle montagne di San Nicola? Dopo l'avventura di Montani, non si ebbe più sentore dei briganti. Erano partiti verso ignote pianure, inseguiti dall'inverno? Montani non riuscì più a vederli, sebbene per ben tre volte fosse tornato alla riscossa. Nulla di nuovo fino all'inverno successivo. Allora sul canalone comparvero ancora le orme umane. Gli sguardi dei guardiaboschi si levavano istintivamente spesso verso le crode, cercando. Nella Casa nuova, giù a San Nicola, nelle casere sparse per le valli, specialmente di sera, si raccontavano bizzarre storie, come dopo la morte dell'Ermeda. Le nubi certi giorni facevano densi anelli attorno al culmine delle rupi e nelle giornate più serene furono viste sottili nebbie innalzarsi dai valloni rocciosi. Per ore e ore i montanari si raccoglievano ad osservare e attorno, come risuscitati, gli spiriti d'un tempo facevano di notte la guardia al limite della foresta.

Di queste cose parlò Bertòn al vecchio compagno. Al termine del racconto Bàrnabo si levò in piedi e accese una candela. « Andiamo di sopra. » La lampada venne spenta. Nella stanza rimasta al buio si udirono i passi risuonare sulla scala di legno e poi sul pavimento superiore. Si udì anche parlare: un dialogo lento e stanco che si spense a poco a poco.

« Ti saluto, Bàrnabo. »

Vestitosi silenziosamente, Bertòn si era preparato alla partenza e prima di lasciare la stanza aveva svegliato Bàrnabo per dargli l'addio.

« Te ne vai adesso? Non potevi avvertirmi prima? »

« È inutile. Ho da fare parecchia strada. Cosa vuoi? Era forse meglio che me ne fossi andato senza dir niente. Speriamo di rivederci. »

Bàrnabo, seduto sul letto, si stupì che la partenza del compagno non gli desse alcun dolore. Dalla finestra entrava una luce chiara. Un bel mattino d'estate.

« E lassù, conti di tornare? »

« Chissà, quando avrò ottant'anni. Addio, Bàrnabo. Ti scriverò bene qualcosa. »

Bertòn scese le scale. Il rumore della serratura. I passi che si allontanavano per la strada perdendosi a poco a poco. Il silenzio rientrò nella casa ancora immersa nel sonno mattutino mentre ogni tanto strani fischi di richiamo attraversavano la campagna.

16

Quell'autunno, verso la fine di settembre venne deciso a San Nicola di abolire la Polveriera. Quando già si credeva che i briganti della Valfredda, ladri o contrabbandieri, venuti forse dal non lontano confine, avessero lasciato per sempre la zona, la Polveriera venne di nuovo assalita, una sera all'imbrunire. Gli stranieri, erano cinque o sei, non si poteva veder bene, riuscirono ad avvicinarsi al deposito di esplosivi senza essere osservati mentre Enrico Pieri faceva da sentinella. Avrebbero anche tentato di forzare la porta se Montani, che insieme a Durante stava nella baracchetta, non avesse dato in tempo l'allarme. Si spararono fucilate e i briganti non risposero, ritirandosi verso la sommità del ghiaione. Anzi si udì un grido rabbioso come se qualcuno di essi fosse stato ferito e una voce, almeno così garantiva Durante, gridò da un grosso macigno, sotto la parete del Palazzo: « Ma ci rivedremo tra un anno! » e poi altre parole che non si potevano intendere tra le raffiche irregolari del vento.

Giunta notizia del fatto, il capo dei guardiaboschi tirò fuori la vecchia questione se non era da pazzi tenere in un posto così lontano e difficile un deposito di esplosivi per una strada che non sarebbe stata più fatta.

Quei briganti o contrabbandieri che fossero potevano sempre ritornare, nella speranza di rubare delle munizioni, come erano riusciti la prima volta. Prima dell'inverno sarebbe stato dunque opportuno togliere gli esplosivi e farli inviare alla più vicina caserma per essere poi spediti ad altri depositi.

Così non ci sarebbe stato più bisogno di mantenere i guardiaboschi nella Casa nuova; essi si sarebbero stabiliti a San Nicola, con spesa molto minore e maggiore utilità: perché dalla loro caserma della Valle delle Grave essi finivano col sorvegliare solo i boschi e le strade più vicini. Da San Nicola avrebbero invece potuto facilmente ispezionare anche le altre zone e specialmente il Col Verde, dove venivano rubate piante a man salva. Non c'era più nessuna ragione per mantenere un corpo indipendente; i guardiaboschi, almeno quelli che avessero voluto restare, sarebbero stati aggregati ai guardiani comunali e avrebbero abitato la stessa caserma.

Così infatti, dopo lunghe discussioni, venne deciso. Ma siccome per accogliere i guardiaboschi si doveva alzare di un piano la sede delle guardie comunali, la cosa venne tirata per le lunghe e si dovette passare un altro inverno tra la neve altissima; per rifornire la Casa nuova di viveri, si dovettero ancora intraprendere faticosissimi viaggi su e giù per la Valle delle Grave.

A forza di contare i giorni, venne infine, tra la generale soddisfazione, l'ultimo turno di guardia alla Polveriera. Paolo Marden, Molo e Battista Fornioi mossero quel pomeriggio verso il canalone per rilevare Franze, Collinet e Pieri. Era una giornata di giugno con il cielo nuvoloso e uniforme; sulle altissime crode soffiava ancora un po' di tormenta.

Oltre ai fucili, i tre avevano dei larghi sacchi per trasportare giù, il mattino successivo, tutti gli oggetti che si trovavano nella baracchetta che ancora potevano servire; in una di quelle borse c'era intanto un fiasco di vino. Per l'ultima sera di servizio era giusto stare un po' in allegria.

Fecero più presto del solito ad arrivare. Siccome nessuno dei tre parlava ed erano una buona mezz'ora in anticipo, la guardia smontante non si accorse del loro sopraggiungere. Franze, Collinet e Pieri stavano seduti dinanzi alla baracchetta svogliatamente, fumando. Solo il primo teneva in mano il fucile.

« Sta' attento che ci facciamo uno scherzo » fa Molo sottovoce ai compagni quando è arrivato sotto il contrafforte roccioso che sorregge la Polveriera. « Voi state fermi qui. » Molo carica il fucile sorridendo, poi striscia adagio adagio dietro ai tre che sono di guardia. A una decina di metri spara un colpo per aria: « Fermi senò vi sparo! ».

Franze e Collinet saltano in piedi, mentre l'eco della fucilata si moltiplica nel vallone. Solo Pieri ha capito subito che è uno scherzo e si volta ridendo. « Credevate...? »

« Che gusti da minchione » grida Collinet, impallidito.

« Eh, porco cane, non ti sarai mica spaventato? » Molo sghignazza contentissimo, fruga con un ferro nel fucile perché il bossolo della cartuccia non vuol venir fuori.

« Be', noi ce ne possiamo andare » fa Pieri entrando nella baracchetta. Poi ricompare: « Queste due pentole ce le possiamo portare giù noi; tanto quella nuova vi basta ».

« Arrivederci » grida poco dopo Marden ai tre che stanno andandosene.

« Di' agli altri che domattina si muovano presto. A portar giù le polveri e tutto il resto dev'essere un affare piuttosto lungo. Senò non ce la caviamo in giornata. »

I rumori della corsa giù per le ghiaie, il rotolìo dei sassi smossi che si allontana, come tante altre volte. Molo, Marden e Fornioi sono rimasti soli. Anche per colpa delle nubi si fa scuro a poco a poco. Poi, non si capisce come, si odono vaghe risonanze sulle pareti; dev'essere ancora la fucilata di poco fa, tenuta sospesa dagli echi.

Nebbie leggere scivolano tra le estreme rupi del Palazzo. « Guarda che razza di croda » fa Battista Fornioi indicando una guglia improvvisamente comparsa tra le nubi « l'anno scorso non c'era. Par fino impossibile come cambino da un anno all'altro le montagne. »

« Che cosa vuoi che si cambino? » ride Molo. « Non son mica di terra le crode. È questione che dietro c'è la parete e di solito non si può vedere. »

Giungono nel silenzio da lontano, tra le pareti grigie, dei brontolii profondi: forse sono dei tuoni, forse rumori di macigni franati. La finestrella si è illuminata. Marden ha acceso il fuoco e prepara la polenta.

« Però come sono scure stasera le rocce. Scommetto che viene a piovere » dice Fornioi seduto su di un sasso vicino a Molo, davanti alla Polveriera.

« Speriamo che stia su, il tempo, almeno fino a domani sera. »

Questa maledetta Polveriera. Per colpa sua si perdevano due giornate alla settimana; non si poteva mai scendere a San Nicola; c'era il rischio sempre di qualche cosa. Non era mai un vivere tranquillo. Ma è finita finalmente, rimane solo da passare la notte.

« Sempre così » dice Fornioi « quando c'è qualche servizio seccante. Basta che ci sia qualcosa e mi chiamano sempre me. Fino all'ultimo, anche stasera. »

« Be', lascia stare, che questo schifoso servizio è finito. L'ultima volta questa sera, ci pensi? »

« Io non so » dice Fornioi « mi ricordo che il giorno in cui ho finito di fare il soldato... »

« A proposito. Bertòn non ritorna più? Non diceva che doveva tornare? »

Si sente la voce di Marden, dall'interno della baracchetta, che si è messo a cantare. Le montagne si sono fatte nere e si perdono tra le nubi che conservano ancora un po' di luce.

Fornioi e Molo tacciono. Si ode nel gran silenzio il canto del compagno mentre la luce del fuoco ondeggia nella piccola finestra. Poi la voce si interrompe.

Si è già svegliato il vento notturno, ma Molo e Fornioi rimangono davanti alla Polveriera. Giunge fino a loro il rumore delle raffiche contro lo spigolo del Palazzo. Da anni e anni verso quell'ora c'è sempre questa solita voce. Tutti i guardiaboschi la conoscono e nessuno più ci bada, sebbene assomigli talora a un grido umano. Ma che stasera si sfoghi pure. Domani non ci sarà più nessuno a sentirla. Domani sera nessun canto tra le ghiaie della Polveriera, nessuna luce nella baracchetta. Poi, dentro alla capanna comincerà a filtrare la pioggia, sarà prima una goccia che batterà sul pavimento, poi le assi marciranno.

« Be', venite a mangiare? Volete aspettare ancora un pezzo? » grida Marden uscito dalla baracchetta. I due compagni si alzano e si avviano verso il rifugio.

« Adesso che abbiamo mangiato » dice Fornioi poco dopo « è meglio che uno di noi stia fuori. È stupido rischiare proprio l'ultima sera. »

« Che sciocchezza, Madonna santa » risponde Marden. « Intanto aspetta che prima bisogna bere. È l'ultima sera, in fin dei conti, si può stare un po' allegri, mi pare. »

« Allegri? In tre cosa vuoi fare? » fa Fornioi. « Quassù non è mai questione di allegria. Be', dammi qui che, tanto, riscalda. »

Il fiasco è già vuotato, il fuoco brucia altissimo perché c'è la legna da finire, mentre Fornioi è uscito all'aperto. Gli altri due si scaldano alla fiamma. Marden silenzioso sorride, pensando a chissà cosa. Molo, con un ferro, spezza un legno già consumato dal fuoco e incandescente.

Ci sono ancora parecchi ceppi da ardere, ma la fiamma a poco a poco si abbassa. Nessuno si cura di alimentarla. Fra poco resteranno solo dei legni neri, si sentirà qualche scricchiolìo, rimarrà una colonna di fumo, sottile e regolare.

Avevano pensato che dovesse essere una bella sera, una sera speciale. Anche Fornioi, con tutte le sue proteste, era partito contento. Bisognava pur dirlo: solo in quella solitudine, nelle notti di guardia, era possibile parlare di certe cose. E poi, camminare da soli davanti alla Polveriera, pensare che tutti gli uomini stanno dormendo, sentire i rumori delle frane sulle pareti, pensare che è proprio l'ultima volta, che presto sorgerà l'alba e tutto sarà finito. Invece non c'è niente di bello, nessuna soddisfazione. Molo si è disteso per dormire ma per quanto si rivolti non riesce a chiuder occhio. Anche Fornioi: è uscito a dire una cosa a Marden ma non sa come cominciare.

« Di', Marden, sai cosa dovrebbero fare? »

« Cosa? »

« Mandarci tutti in licenza per un po' di giorni. » E cerca di ridere.

« E dopo, cosa ne faresti? »

Si interrompono; un grande silenzio.

« Hai sentito? » dice Marden. « Hai sentito qualche minuto fa quel fischio? Che venga qualcuno dalla Casa? »

« Un fischio? sarà stato un uccello. Uno di quei... come si dice?... »

« Che uccello d'Egitto! Vuoi che io sia così stupido? »

« Ma perché vuoi che vengan su a quest'ora? Saranno quasi le dieci. »

« Io non so niente. Il fischio l'ho sentito. »

Un soffio gelido di vento scende dal canalone facendo rabbrividire.

« Purché non sia qualche sorpresa! Intanto vado a spegnere la luce. »

Le ore della notte sono passate ad una ad una. Molo ha continuato a dormire. All'aperto, appoggiati ad un pietrone, gli altri due guardiaboschi intirizziti; si sono dimenticati i turni di guardia, restando insieme a far da sentinella. Le primissime luci dell'alba ne fanno spiccare a poco a poco le figure immobili e luccicare le canne dei fucili.

« Olà » dice Marden, scuotendosi « anche tu dormivi? »

« Siamo stati ben fessi a non riposare. Perdere così la notte. »

Si alzano in piedi, tremando per il freddo, e si avviano verso la baracchetta.

« Insomma, anche questa... » fa Marden fissando le pietre per terra.

« Anche questa che cosa? »

« Ah, niente, dicevo così, per dire. »

Dopo poco si vede uscire Molo dalla baracchetta, si ferma ad aprire l'otturatore del fucile e ci lavora dentro con uno stecco. Giù dalle pareti, sotto il cielo caliginoso, colano filoni di umide nebbie.

17

Dopo la visita di Bertòn, l'estate precedente, era passato sopra i campi del Bersaglio il respiro della montagna. Forse senza accorgersi, Bàrnabo era stato ricondotto indietro nel cammino del tempo. Era tornato il tormento di certe sere. Egli si
fermava a osservare i viaggiatori che partivano di mattino
prestissimo, dal Bersaglio, diretti alle strade del settentrione.
Si era riaperta nel cuore la vergogna dimenticata. Egli si era
rifugiato nella campagna, nella grassa pianura e forse gli toc-
cava di consumare la vita, pigramente, in un'inutile attesa.
La visita di Bertòn gli aveva fatto sentire di colpo quanti anni fossero passati e Bàrnabo aveva pensato più volte a un possibile ritorno, preso dai ricordi felici. Poi, di giorno in giorno, la speranza era impallidita e le montagne, la Polveriera,
la Valle delle Grave si erano dissolte nuovamente in una nebbia, come cose mai esistite.

Ma il giorno della gioia viene davvero. Nell'anno successivo, un pomeriggio di luglio, Bàrnabo riceve una lettera di
Bertòn. L'amico non l'ha dimenticato. Fra tre giorni, scrive,
dopo un anno di lontananza, sarebbe ritornato, per certi suoi
affari, a San Nicola. Il treno doveva passare verso mezzogiorno alla stazione di Vogo, non lontana dal Bersaglio.
« Raggiungimi qui. Vieni anche tu a San Nicola. Dopo cinque anni tutto sarà dimenticato. Vedrai che saremo contenti. »
Quando gli portano la busta Bàrnabo sta falciando il fieno. Si diffonde per i prati una luce nuova di contentezza. Dunque Bertòn lo fa tornare a San Nicola? Se scrive, vuol dire

che Bàrnabo potrà essere ripreso tra i vecchi compagni, di nuovo guardiaboschi; ricomincerà la vita d'un tempo, sotto il sole delle montagne.

Lasciando senza una parola i compagni di lavoro, con la falce in spalla, Bàrnabo si avvia verso casa. Nessuno lo chiama o gli chiede ragione. Lo seguono con la coda dell'occhio mentre le lame avanzano a cerchi sull'erba.

Il sole non è ancora disceso. Nella cucina deserta si sentono le mosche armoniose e i mobili, scricchiolando, si parlano a vicenda perché sanno che non c'è nessuno. Ma ora risuonano i passi di Bàrnabo per la vecchia scala di legno. Il rumore si perde verso la soffitta.

Lassù, in un angolo del fienile, Bàrnabo fruga in una cassa per trovare il vestito verde da guardiaboschi, le scarpe ferrate, il sacco e tutte le altre cose con cui era sceso dalle montagne cinque anni prima. Il sacco, da quel giorno, non è stato più aperto. Bàrnabo l'aveva voluto lasciar così per aver l'illusione, ritrovandolo, che il tempo non fosse passato. Ma adesso, riprendendolo in mano, vedendo tutta la polvere, sentendo la tela seccata, Bàrnabo comprende bene il vuoto che hanno scavato gli anni.

Le tarme hanno fatto dei buchi nei calzoni della vecchia divisa. Bàrnabo non ha il coraggio di farli rammendare dalle donne di casa e cerca di aggiustarli da sé, restando alzato fino a tarda notte con l'ago e il filo, al lume di una candela. Prima di coricarsi prepara tutto in ordine come alla vigilia di una partenza.

Ed infatti tre giorni dopo Bàrnabo parte. Si porta con sé tutti i risparmi, il fucile con parecchie cartucce. È vestito interamente come quattro anni prima, con l'abito verde un po' frusto e il cappello chiaro con la piumetta. Da parecchio tempo Bàrnabo non è così contento; una grandissima speranza gli riempie il cuore. Nel lasciare il Bersaglio, al mattino, non si volta neppure a guardare la pace della campagna.

Il treno si ferma nella piccola stazione di Vogo, il rumore si spegne nell'afa di mezzogiorno. Rimangono delle voci sparse qua e là come in una camera vuota. Volti si affacciano ai finestrini, una nube scialba alla sommità del cielo; l'ombra del fucile sul terreno; Bertòn non si vede ancora e tra poco la locomotiva riparte. Alcuni uomini, usciti dalla stazione, si allontanano per le strade piene di sole. Bàrnabo chiama l'amico ma il grido esce rauco, senza eco. Un'altra giornata. La vita continua a passare ma a Bàrnabo sembra di essere rimasto fuori: qualcosa di superfluo. Ma tanto è inutile tornare indietro. Qualcosa succederà bene. Bàrnabo sale in uno scompartimento vuoto. C'è un terribile caldo, un cattivo odore, un canticchiare sommesso che viene dallo sportello in fondo.

Ecco cigolare i ferri; soffia la locomotiva, la stazione si muove, si muovono le case, i pali e poi corrono via impetuosi gli alberi della campagna. Bàrnabo comincia a pentirsi. Cosa va a fare, solo, a San Nicola? Non si era dovuto vergognare abbastanza? Ma non ha il tempo di pensare. Voltando gli occhi vede in un angolo, in fondo al vagone, Bertòn che si è addormentato.

« Ostrega, salute. Meno male che sei salito lo stesso, anche senza vedermi. »

« Hai visto che sono venuto? »

« Benone, ma... ma scusa, perché ti sei messo la divisa? »

« Come? io credevo... »

« Che idea, ma come t'è saltato in mente? »

« Mi avevi detto, mi pare. »

Allora Bertòn gli racconta quel che è successo; come a San Nicola abbiano cambiato tutto quanto, come siano stati sistemati i guardiaboschi, e forse sia già stata lasciata la Casa nuova, e abbandonata la Polveriera. Non c'è dunque nemmeno da parlarne, di essere ripresi nel corpo.

Bàrnabo non risponde. Già, era stato stupido, era tutta colpa sua. Si era illuso come al solito. Una nuova fregatura. E adesso che figura faceva di fronte ai compagni, vestito in quella maniera? Non era meglio tornare? Scendere alla prima stazione, accontentarsi della vita tranquilla nei campi del Bersaglio?

Invece, senza nemmeno saperne il perché, Bàrnabo continua il viaggio.

18

I guardiaboschi di San Nicola, che hanno già sloggiato dalla Casa nuova e si sono installati provvisoriamente nella caserma dei guardiani comunali, vedono entrare nella sala di mensa, un giorno di domenica, Bertòn accompagnato da Bàrnabo.

Solo adesso Bàrnabo si accorge che era meglio restare nella pianura. Che fatica rispondere alle cento domande, spiegare con qualche pretesto perché è venuto, perché si è messo la divisa. Ma tutti lo accolgono cordialmente. Sembra che siano suoi amici, che non abbiano davvero mai sospettata la sua vigliaccheria.

Marden, perdio se è invecchiato, è uno dei primi a salutarlo:

« To' chi si vede? e da dove vieni? »

Bàrnabo allora racconta la sua vita degli ultimi anni, cerca di apparire disinvolto mentre i compagni si raggruppano intorno. Ogni tanto getta uno sguardo alla finestra donde si scorgono la strada e più avanti un gruppo di abeti sotto il sole bianco di mezzogiorno.

« Ti sei messo ancora la divisa? »

« Gliel'ho detto io » interviene Bertòn, per risparmiare un imbarazzo all'amico. « Si voleva venire su a caccia. Meglio sempre i vestiti vecchi, se si va per i boschi e le crode. »

Cominciano a parlare di caccia. Nessuno si interessa più a Bàrnabo in modo particolare. Sembra che il cambiamento di vita non abbia per i guardiaboschi alcuna importanza. Parlano delle solite cose: che è morta la moglie dell'ispettore, che fabbricano una nuova chiesa, che il prezzo della carne è aumentato, che sono arrivati i lavoratori di una ditta che ha comperato un gran pezzo di bosco. Si calcola, si discute del guadagno che potranno fare. La zona ceduta dal Comune si estende fin quasi alla Casa nuova. È l'argomento che Bàrnabo aspettava; egli vuol parlare un po' del nuovo regolamento, sapere se è proprio impossibile farsi assumere nuovamente tra i guardiaboschi, ma senza far capire il suo pensiero. Il fatto che gli altri non hanno sospettato la sua viltà e hanno dimenticato, forse, l'episodio della Polveriera, gli dà nuovo coraggio. Rimarrà qualcuno dunque alla Casa nuova?

« Già » risponde Marden « bisognerà bene trovare qualcuno. »

« Ecco un'occasione per te » fa Molo, rivolgendosi a Bàrnabo, e fa una risata.

« Ebbè? Cosa c'è da ridere. Sarei anche capace di farlo » risponde Bàrnabo con un sorriso sforzato.

« Dici così per dire » insiste Molo; « vorrei un po' vederti a stare dei mesi da solo. Neanch'io ci andrei, anche se mi pagassero bene. Ti immagini che divertimento? Non c'è un cane da quelle parti. »

« Solo? Mica solo » dice Marden; « solo per modo di dire. Prima di tutto potrebbe venir giù ogni tanto, magari per fare le provviste. Poi, qualcuno di noi capita sempre da quelle parti. »

« E in fondo, dico, in fondo... »

« E poi bisogna tornare, noialtri, alla Polveriera » è Franze adesso che parla « verso la fine di settembre. Il 25 o il 26, l'ho segnato. Vedrete se non vengono quelli della Valfredda. Come volete che sappiano che la Polveriera adesso è vuota? »

« Tu sempre con quella stupida storia. Immagina se non l'han saputo. »

Adesso tutti ricordano. Non aveva minacciato uno dei briganti, l'autunno prima, di tornare all'assalto della Polveriera? Ci rivedremo tra un anno, aveva detto; dunque, proprio alla fine di settembre.

« Io per me » fa Marden « dico di andarci. Alla peggio si

tornerà indietro. Ma una lezione perdio se la meritano. Perché... Del resto tu Bàrnabo ne sai qualcosa. »

E non poteva star zitto, Marden? Bàrnabo sente tutti gli sguardi su di sé e non capisce che cosa vogliano dire. Che andassero in malora tutti. Che gusto c'era a tormentarlo, se oramai lui se n'era andato?

Ma quando il sole tramonta e tutti escono sulla via, Bàrnabo si sente contento. Marden aveva parlato proprio sul serio, offrendogli il posto di custode. La solitudine oramai non gli fa paura. Egli ha poi bevuto qualche bicchiere di vino e sente la testa girare, scorge confusamente le crode, in cima alla valle, nello splendore della sera. « Perdio se ci vado » mormora a se stesso e ha una gran voglia di cantare.

Così ancora una volta, cambia per Bàrnabo la vita. Gli hanno affidato la custodia della Casa nuova, almeno fino all'inverno. Marden l'ha chiamato all'ufficio del comando e gli dà in consegna tutto quanto si trova alla Casa.

« Ecco qua la lista precisa. Se ci tieni ti posso accompagnare per fare le consegne a tu per tu. Se ti fidi puoi addirittura firmare. »

Bàrnabo avrebbe piàcere che l'accompagnassero, che qualcuno gli tenesse compagnia almeno per la prima sera. Ma si vergogna a dirlo. E sembrerebbe che non si fidi. Prende in mano la penna e firma.

« Ecco qua le chiavi della porta. Nel cassetto del tavolo troverai quelle di tutte le altre stanze. »

« Scusate, Marden, e di cartucce ne posso avere? »

« Per cosa, per andare a caccia? Be', vieni qui che vediamo... »

Bàrnabo riceve venti cartucce. Poi Marden lo accompagna all'uscita.

« Arrivederci » gli dice stringendogli la mano. « In gamba, mi raccomando. Poi ci rivedremo in settembre, mi pare di avertelo già detto. Dev'essere il 25. Del resto qualche giorno verrai giù bene? No? »

Preparate le provviste, Bàrnabo (è ancora mattino) va a

salutare Bertòn che dorme in una casa di contadini. Quando Bàrnabo entra nella camera, egli è ancora in letto.

« Hai visto che ti sei messo a posto? »

« Sono venuto a salutarti. Vado su addirittura. »

« Ostrega, ma ci rivedremo. Prima di novembre ci rivedremo. Dovrò venire a sistemare degli affari. »

Bàrnabo sente che avrebbe da dire molte cose. Ma non è questo il momento. Stringe la mano a Bertòn, gli fa un cenno col capo, con un leggero sorriso.

19

Quando Bàrnabo rivide da vicino le montagne non ebbe alcun stupore. Guardò insistentemente le pareti corrose e verticali, toccò con le mani i tronchi degli abeti, ascoltò con piacere i ben noti rumori. Nulla davvero era mutato.

Bàrnabo saliva per la via piena di erbacce, con la testa un po' china, come se facesse la strada di tutti i giorni. Gli pareva di conoscere ogni angolo del bosco da un'infinità di tempo. I rami che crescono adagio per lunghissimi anni, poi si seccano e cadono sulla terra coperta di lucide foglioline; i soliti uccelli che vengono a cantare; il passaggio, ogni tanto, di un uomo; sempre così sotto alle bianche pareti.

Ecco la Casa dei Marden. È diventata ancora più vecchia. Su quell'angolo di prato una lontana mattina era disteso Giovanni Del Colle, ucciso da una fucilata. Più in là era la sua armonica, inumidita dalla notte. C'è ancora su un tronco il mozzicone di ramo sul quale Bàrnabo quella memorabile giornata aveva appeso il suo cappello.

Ad un tratto, seguendo il sentiero, Bàrnabo esce dal bosco e si affaccia sulle ghiaie che colano in coni lisci dalla base delle pareti. Vede poi il canalone rossastro della Polveriera che raccoglie tutto il calore e la quiete del sole. In alto, un gruppo di cime si innalza nero sotto a ombrelli di nebbia; esse mostrano delle scanalature lunghissime che scendono a strapiombo.

Tutto in ordine alla Casa nuova. Bàrnabo è arrivato di pomeriggio con il sole ancora alto. Ha trovato dentro un odore di chiuso. Bàrnabo ha spalancato le finestre; la luce, che non era più abituata ad entrare, si è disposta malamente, con delle spiacevoli ombre. Tutto in ordine, ma troppo vuoto. La camerata al primo piano, con i letti completamente spogli, fa una certa impressione. Bisognerà che Bàrnabo, come gli hanno dato ordine, ne prepari tre o quattro, di quei letti; non è difficile che i guardiaboschi arrivino e che si fermino qualche notte. Già, Bàrnabo li deve chiamare guardiaboschi, adesso; non può più chiamarli compagni. Bàrnabo è uscito poi all'aperto; una bella giornata, non c'è che dire. In altri tempi, a stare qui solo, in mezzo alle grandi foreste, pensa, avrei avuto paura. Gli sembra invece di essere tranquillo e si rassicura scorgendo che anche il bosco non è cambiato, anche in alcuni angoli speciali ch'egli ben conosceva.

Si è fatto freddo. Bàrnabo è rientrato nella stanza al pianterreno tutta foderata di legno. Mentre prepara la legna per il fuoco, getta occhiate dalla finestra sulla catena di crode, ancora illuminate dal tramonto; sente che la notte avvolge lentamente la Casa; il vento manda lunghi lamenti; un cuculo lontano.

Bàrnabo si è seduto al fuoco. Aveva pensato di mettersi finalmente quieto, di riprendere la bella vita d'un tempo. Ma ormai non si sente più tranquillo: continua ad aspettare qualcosa, come aveva fatto per anni e anni. Deve venire il 25 settembre, arriverà bene la sua giornata.

Senza grande fatica Bàrnabo si è adattato a restare solo. Del resto ogni mattina e sera passa dalla Casa un boscaiolo che abita poco sopra San Nicola. È uno spilungone di quarant'anni, un gran buon diavolo, ma silenzioso, che lavora tutto il santo giorno. Talora Bàrnabo sente da lontano i colpi della sua accetta. Gli dà un bicchierino di grappa, alla sera, e scambia qualche parola.

Ogni tanto, quando stormi di cornacchie passano nel bosco (in genere scendono dal Col Nudo dirigendosi verso San Nicola) Bàrnabo manda un fischio lungo e modulato, così come faceva alla sua bestia. Chissà che la cornacchia non sia morta e si trovi ancora da queste parti. Ma gli uccelli continuano il loro volo pesante, sopra la nera foresta, con qualche craa craa di richiamo.

Tutto è rimasto come prima, ma non è la stessa cosa. Per quanto si sforzi, neppure nelle giornate più belle Bàrnabo sa trovare la bellezza di certe mattine quando era guardiaboschi.

Il sole si alza dietro alla Cima della Polveriera e cala dietro il Col Verde. Tutte uguali queste giornate. Ascoltando il consiglio del taglialegna, Bàrnabo si è messo a fabbricare dei cucchiai di legno e si diverte anche a fare dei pupazzi, che intende dipingere, comprando i colori a San Nicola. Potrebbe anche guadagnare dei soldi.

Nella mattinata Bàrnabo si è fatta la barba, ha unto le scarpe, è andato a prender acqua alla fonte vicina, ha messo ad asciugare la biancheria che aveva lavato, poi ha fatto colazione. Ora prova a suonare l'armonica mentre dalla parte della Pagossa tuona sotto i nuvoloni neri. Cadono qua e là alcune gocce d'acqua battendo sul tetto di zinco con lieve risonanza. Più tardi, dalla parte della valle, si sono udite delle voci. È Battista Fornioi con un forestiero che ha ottenuto il permesso di cacciare. Un uomo sulla quarantina piuttosto corpulento. Sembra soddisfatto della camminata: « Bel posto » dice « bel posto. Penso anch'io qualche volta di venirmi a stabilire da queste parti ». Appoggia il fucile a due canne in un angolo della stanza, getta il sacco sul tavolo. Fornioi come al solito dice poche parole.

« Ci preparate qualche cosa da mangiare? » fa il forestiero a Bàrnabo. « Avete da farci una buona minestra? Un po' presto, mi raccomando. »

Bàrnabo prima non risponde. È leggermente impallidito. « Una minestra? Una buona minestra? » domanda poi con voce sorda. Sente su di sé gli occhi senza espressione di Fornioi. Vede, attraverso la porta, la selva di abeti che diventa sempre più nera, percepisce il solito ritornello del cuculo sperso chissà in che vallone. Si volta quindi lentamente guardando per terra, va a tirar fuori le pentole e, accendendo il fuoco, sorride.

Il mattino dopo Bàrnabo si è dovuto svegliare alle cinque per preparare il caffè al "signore". Fornioi e il forestiero partono dirigendosi verso il Col Nudo. Il temporale la sera prima non si era sfogato ma ha lasciato ugualmente il cielo sereno. Anche Bàrnabo poco dopo prende il fucile, chiude la porta della Casa e sale verso i ghiaioni.

Questa mattina assomiglia a quando egli era partito con Bertòn la prima volta a cercare i briganti sulla torre sconosciuta. Anche oggi le paure si dissolvono all'avvicinarsi delle crode. A Bàrnabo persino sembra di essere diventato un altro; non capisce quasi nemmeno come quel giorno abbia potuto essere tanto vigliacco.

Anche quando è arrivato in mezzo al vallone della Polveriera e ha visto la baracchetta di legno, marcita e diventata grigia, i muri della Polveriera abbandonata, anche quando ha sentito pencolare su di sé le rocce crollanti, nessun tremito gli è passato nelle gambe.

Un silenzio di tomba che neppure il vento si fa sentire. Le crode sembrano ancora più immobili, come attendessero qualcuno. Perché Bàrnabo si è spinto fin lassù? Non potrebbe magari incontrare quelli della Valfredda ed essere accoppato? Ma nessun pensiero gli mette paura.

Rompendo un filo di ferro, Bàrnabo riesce ad aprire l'uscio della baracchetta. Con un colpo la spalanca facendola risuonare come un cassone vuoto. I cardini sconnessi cigolano malamente. Dalle fessure del tetto, dalla finestrella chiusa con delle assi irregolari penetra una luce bianca. I guardiaboschi da qualche settimana sono partiti e la casetta è rimasta sola per lunghe giornate. Bàrnabo immagina le ore trascorse nella stanza senza il più piccolo rumore; come il sole del mattino fosse entrato dalle fessure e avesse girato lentamente i suoi raggi sul pavimento. Bàrnabo pensa al rumore della pioggia sul tetto di zinco, gli sforzi del vento contro la porta e le notti sconsolate.

Nel canalone pieno di sole Bàrnabo, con il fucile in spalla, si mette a camminare su e giù davanti alla Polveriera, come se fosse di sentinella. Cerca, così per giuoco, di riprodurre fedelmente la vita d'un tempo. In questo modo gli sembra di respingere per qualche istante gli anni passati. Poi ha l'impressione che le rupi lo possano vedere. Riprende la sua marcia verso la sommità del canalone.

Finiscono gli aspetti della solita vita e cominciano a levarsi le rocce prima grondanti di ghiaie e più in alto perfettamente nude. Arrampicandosi per quei facili salti Bàrnabo ad un tratto, su di un piccolo ripiano, trova un fucile abbandonato. Gli sembra un'arma in buon ordine ma, forse per una caduta, il grilletto si è spaccato e si è scheggiato pure il fondo del calcio. Sulla bianca ghiaia della cengia poteva a tutta prima sembrare uno di quei bastoni che si trovano talora spersi tra le alte montagne: misteriosi legni che spesso Darrìo aveva portato alla Casa dei Marden, reduce dalle sue audaci peregrinazioni. Il fucile deve trovarsi lì da poco perché non ha tracce di ruggine. Passa per l'aria quieta e silenziosa qualcosa di sconosciuto.

Più tardi, nel più grande splendore della giornata, Bàrnabo tocca la forcelletta e vede, al di là di una vallata profonda e ingombra di ghiaie, la Cima Alta che si eleva a picco per un'altezza incredibile; la sua parete verso Ovest si sprofonda in una vasta buca e con i raggi del sole che la toccano di traverso mostra delle crepe a piombo color della ruggine. A sinistra di Bàrnabo sfugge il paretone Nord del Palazzo, nero nell'ombra. Poco più giù comincia la cengia per cui Montani si era avventurato tra le nevi del tardo ottobre.

20

Sembra che il tempo ci metta tanto a passare e poi invece fugge come il vento. È giunta ormai la fine di settembre sulle montagne di San Nicola. La stagione è rimasta finora bella, le crode hanno però un colore diverso e Bàrnabo da qualche giorno sta fisso con gli sguardi sulle creste del Palazzo e sulla Cima della Polveriera. Domani è il 25 settembre; si aspetta il ritorno dei briganti della Valfredda. Essi hanno promesso di tornare all'assalto e domani tutti i guardiaboschi (non si sa mai) saranno ancora alla Casa e saliranno alla Polveriera a fare la guardia; Bàrnabo vuole andare con loro.

Sorge il mattino con flaccide nubi nel cielo. Bàrnabo gira per il bosco a cercare funghi. Deve preparare un pranzo coi fiocchi perché alla sera giungeranno i guardiani. Ogni tristezza è passata. Per qualche ora, finalmente, egli non sarà più solo e potrà far vedere, farà vedere qualche cosa ai vecchi compagni. Come al solito va ripescando nel passato e si rinnova la vergogna. Ogni volta che ci pensa, Bàrnabo cambia improvvisamente umore; sente un bruciore nel petto. Nessuno l'ha visto fuggire dinanzi al nemico, nessuno ne saprà mai nulla, eppure di fronte ai compagni gli tocca sempre abbassare gli sguardi. Ma domani, finalmente, domani sarà un gran crepitare di colpi e Bàrnabo andrà avanti per primo.

Con grande cura egli prepara la tavola, pulisce le bottiglie per il vino, distende dei rami d'abete, accende un gran fuoco per cuocere la polenta. Sono le quattro del pomeriggio, tutta la valle giace nel silenzio. Le nubi grigie si addensano sulle crode, diventano sempre più scure. I guardiani verranno sul tardi, solo per ora di cena.

Verso le cinque comincia a scendere una pioggia che dapprima non sembra niente eppure in pochi minuti ha bagnato tutto. Mezz'ora più tardi Bàrnabo, che lavora vicino al fuoco, sente gridare il suo nome dalla parte del bosco.

Non sono ancora i compagni. È il taglialegna, quel tipo duro che sembra un sacerdote. Si è fatto un lungo taglio nella mano e domanda una benda. Bàrnabo sente che l'umidità invade la casa; anche le crode, da cui egli non stacca lo sguardo, si sono fatte tenebrose.

« Non è per me » dice il taglialegna « ma se mi vedono arrivare a casa con questa ferita... »

« Dammi qua, che ho trovato una benda. Ma prima bisognerebbe lavare. »

Bàrnabo aiuta l'altro a pulire il taglio e a fasciare la mano.

« Fermati anche tu stasera, viene su gente, non vedi? »

« Volevo ben dire io: che cos'è tutto questo fuoco? Per chi tutto questo lusso? »

« Vengono i guardiaboschi. A proposito, senti una cosa. »

« Sono qui per servirvi se occorre. »

Un attimo di silenzio. La pioggia batte sempre più forte. Dei legni crepitano nel fuoco.

« No. È inutile » dice Bàrnabo « adesso che ci penso... »

« Di', di' senza tanti complimenti. »

« No, niente. M'era venuta in mente una cosa. E... dunque non ti vuoi fermare? »

« Caro te, da basso mi aspettano a casa. E poi » qui si mette a sorridere « non sono cose per me. Un'altra volta, un'altra volta. E grazie; me ne dimenticavo. »

Il taglialegna scompare nel buio. Scende a dirotto l'acqua, una pioggia disperata. Le sei sono già suonate al campanile di San Nicola. Bàrnabo ha cominciato a far la polenta. Alla luce della lanterna a petrolio, le finestre appaiono nere. Ogni tanto Bàrnabo lascia il fuoco e si fa sulla soglia, manda un grido modulato, di quelli che arrivano lontano, ma non gli risponde che la pioggia. Perdio, che facciano tardi? La cena va a farsi benedire.

Le lancette della sveglia, posta sopra il camino, continuano a girare. Ora segnano le sette e tre quarti. La pioggia si è attenuata ma qualche goccia batte ancora sul tetto di zinco. La polenta è stata rovesciata sulla tavola e fuma lentamente. Bàrnabo è seduto di fianco al focolare; sembra che stia ancora aspettando, con gli occhi fissi per terra. Ecco: finalmente capisce. Gli si rischiara a poco a poco la mente: tutto è stato un bellissimo scherzo. Li immagina bene i guardiaboschi giù a San Nicola, seduti allegramente a cenare, che stanno ridendo di lui, credendo che abbia paura. Ah, una bella invenzione davvero. E Bàrnabo, come in quella sera lontana, alla Polveriera, sotto la pioggia, sente salire nel petto qualcosa di pesante e di amaro. Ma ora alza di colpo la testa. C'è qualcuno che si avvicina, qualcuno ha aperto la porta.

Che stupida speranza. Non è altri che il taglialegna che aveva dimenticato il suo fagotto.

« Non mi ricordavo più » dice cercandosi attorno « che domani è giorno di festa. Ah, ecco qua. »

Raccolto il pacco, il boscaiolo sta per ripartire ma si volta, vicino alla porta, come ricordando qualcosa.

« Di', Bàrnabo, ma non sono venuti? »

Bàrnabo lo guarda fisso, senza muoversi dalla sedia, con la schiena curvata in avanti.

« Avevo fatto » risponde adagio « avevo fatto di tutto... » La voce qui si interrompe. Un groppo ha chiuso la gola. Ma l'altro non può capire, sorride e tocca il cappello.

« Be', io vado, è fin troppo tardi... lunedì ci rivedremo. »

Se ne va. I suoi passi risuonano sulla soglia e si allontanano come tonfi per il prato. La fiamma della lanterna oscilla, nel focolare brillano solo poche braci. Allora un tremito improvviso scuote Bàrnabo; si alza di scatto balbettando parole confuse nello stanzone solitario. Poi afferra le molle del focolare e giù un terribile colpo sul tavolo spaccando un piatto in due pezzi. Si accumulava, si accumulava da tempo nel suo animo qualcosa di tristo; e adesso l'ira è scoppiata. Come un pazzo Bàrnabo batte le molle contro il muro e colpisce di striscio la lanterna che cade per terra. Bàrnabo allora si ferma, ansimando con terribile affanno.

La lanterna si è spenta di colpo. Tutto rimane nel buio. Ma no, non è tutto buio. Si vede ancora una piccola luce. Bàrnabo rimane impietrito scorgendo attraverso la finestra, nel mezzo della notte nera, brillare un lume lontano. La mano si schiude lentamente e le molle cadono per terra con un pesante tonfo di ferro. Incespicando nel buio, Bàrnabo corre alla porta, si fa avanti nel prato; c'è in cima alle montagne, sulle rocce alte del Palazzo, un lontanissimo fuoco. I briganti sono davvero tornati e bivaccano sulle rupi attendendo le luci dell'alba per scendere alla Polveriera? Passano sulla vicina foresta fremiti improvvisi di vento. Credevano di scherzare, i guardiaboschi, e intanto i nemici hanno tenuto la parola.

Anche nell'interno della Casa si diffonde l'aria umida della vallata. Bàrnabo è ritornato nella stanza, sente una serenità nuova. Allora gli ritorna alla mente il motivo di una canzone. È una musica vecchia che gli ricorda i bei tempi; assomiglia a una marcia di quelle che si usavano molti anni prima. Sta dunque Bàrnabo nello stanzone buio, appoggiato al tavolo, e ripete sottovoce il canto fischiettando tra i denti. C'è in quell'aria melanconica anche qualcosa di guerriero. « E domani si deve partire, si andrà molto lontano. I primi quattro sono già andati, di mattina buonora. » Intanto gli sguardi di Bàrnabo attraversano la finestra, stanno fissi sulle crode, sul lume solitario e lontano.

Il misterioso lume sulle rocce del Palazzo si spegne poco dopo e tutto resta nel buio mentre le nubi si spaccano lasciando vedere le stelle. Bàrnabo completamente vestito si è gettato sul letto e con le braccia incrociate dietro la testa, fissando gli occhi nella massa degli abeti che nereggia dietro i vetri, sente come non mai la vicinanza delle montagne, con i loro valloni deserti, con le gole tenebrose, con i crolli improvvisi di sassi, con le mille antichissime storie e tutte le altre cose che nessuno potrà dire mai. Presto comincia l'autunno e scenderà, con l'inverno, la neve. Poi ancora ci sarà il sole caldo, la bianca luce di primavera sulle selve profumate. Canteranno ancora gli uccelli e la sera si udrà pure la voce degli uomini che sperano in qualcosa di nuovo. Sulle crode intanto stanno i forestieri della Valfredda che pensano di fare bottino. Sotto di loro, sulla sterminata parete, sopra un piccolo piazzale, le ossa di Darrìo inumidite dalla pioggia; in fondo alla fredda gola, dove scroscia la cascata, c'è il corpo di Del Colle con dentro la palla che l'ha ucciso. Giù a San Nicola i guardiaboschi stanno dormendo.

Bàrnabo, immobile nel letto, non ha ancora chiuso occhio; non si sa che cosa pensi. Si ode soltanto il suo quieto respiro come se egli si fosse liberato da tutti gli affanni.

Dietro la Cima della Polveriera appare infine un barlume di luce. Tutto è perfettamente tranquillo; le nubi sono fuggite lasciando limpido il cielo e sulla foresta passa un vento freddo con dei lunghi respiri. Lavate dalla tempesta, le crode riposano ancora nell'ombra notturna; sembrano molto più grandi, nitide come cristalli. Senza accendere il lume, Bàrnabo si è alzato ed è sceso nello stanzone al pianterreno. Toglie dalla rastrelliera il suo fucile, si mette in tasca le cartucce.

Aperta la porta, egli vede gli abeti che si agitano al vento. L'aria è straordinariamente leggera. Bàrnabo chiude dietro a sé l'uscio, girando due volte la chiave. Si ferma per ascoltare se nella Casa si senta qualche rumore; poi conta le munizioni, gettando sempre delle occhiate verso le montagne.

In tutto gli sono rimaste sette cariche, appena sette fucilate. Bàrnabo fa saltare le cartucce sulla mano, sorride e fa un cenno col capo come per dire che non importa. Si incammina a passi lenti, dopo essersi messo sulla spalla il fucile, attraversa la spianata di prato, si dirige alla Polveriera.

Prima di entrare nel bosco, si volta a guardare la Casa vuota, la panca dinanzi alla porta, una scala appoggiata al muro, le cose di tutti i giorni assopite nell'attesa. « Stasera... » mormora Bàrnabo, ma poi ancora sorride, mentre le altissime cime si illuminano lentamente.

21

C'è vicino alla forcelletta, in cima al vallone della Polveriera, addossato alla parete, un sottile spuntone. Proprio alla sua altezza passa una cengia, per dove giungeranno i nemici. La cengia è stretta e coperta di ghiaie; per passare bisogna fare attenzione.

Bàrnabo si è posto sulla cima, nascosto tra alcuni macigni; da solo è venuto ad affrontare i nemici. Perfettamente riparato alla vista, egli domina da vicino la cengia, potrà loro tagliare il passo. Stamane, quand'era partito, pensava anche di poter morire. Ma ora vede già la vittoria; è sicuro che tutto andrà bene. Non l'aveva neppure sperato di trovare un posto così sicuro. E, disteso ai raggi del sole, adesso sente il tempo passare. Verranno, perdio se verranno.

Da lassù egli scorge tutto il vallone della Polveriera, le grandi ombre sulle ghiaie, gettate dalle crode; vede ancora la Cima Alta che innalza la parete selvaggia e poi i Lastoni di Mezzo che hanno un rosso di sangue.

Arriva un lieve soffio di vento, nell'attesa silenziosa.

Mentre le ombre girano nel fondo del polveroso vallone, Bàrnabo sta disteso immobile, tenendo puntato il fucile. Nessuno lo potrebbe distinguere tra i macigni della piccola vetta. Il suo schioppo è diretto alla cengia. Di là, passeranno i briganti e lui li potrà ammazzare.

Strano che il cuore non batta. Bàrnabo quasi si meraviglia

di sentirsi tanto tranquillo. Molte cose sono cambiate. È questa la sua grande ora che non gli dovrà sfuggire. Ma adesso, nel grande silenzio, il suo sguardo si fissa alle creste che si innalzano vertiginose. Da una cengia all'altra i suoi occhi vanno su, per le azzurre scanalature, per le rossastre pareti, fino agli ultimi picchi che non sembrano nemmeno veri, così bianchi contro il cielo profondo.

È passata adesso una mosca con un lievissimo ronzio. Il sole s'è un po' attenuato per un velo di altissima nebbia. Anche il vento del Sud si ridesta. Tornerà il cattivo tempo.

In quel punto, presso la Polveriera, lo si vede bene dall'alto, Bàrnabo un giorno aveva conosciuto la paura; poi, per anni, ne ha avuto vergogna. Ma fra poco, egli lo sa bene, il silenzio si creperà in un rombo, la sua prima schioppettata.

Ed ecco che le grandi crode fan meditare a quel che dovrà accadere. La morte, no, non se l'aspetta, se ne sente assolutamente sicuro. Sarà invece la sua vittoria: i nemici precipitati nel fondo, il suo ritorno al paese, il racconto meraviglioso. Il racconto, proprio il racconto. Egli ci tiene a poterlo narrare ai compagni; ed è tutto qui, c'è poco da dire.

Per dire: io da solo li ho uccisi; tornare tra i guardiaboschi che gli avrebbero fatto festa, lo avrebbero applaudito. Poi ancora, con l'andar degli anni, sempre quella caserma; che noia, in fondo alla valle, con le strade polverose.

Un fischio, un piccolo fischio, si è sentito nel vallone. Poco dopo si ode nel fondo il rotolìo di qualche sasso. Il vento si è improvvisamente fermato lasciando un grande silenzio. Allora, dall'estremità della cengia, giunge un rumore di passi. Non ci si può ingannare. Ecco, sull'angolo del ballatoio, profilarsi la figura di un uomo.

Si avanzano lentamente, per la cengia stretta e crollante. Sono quattro, in piena luce. Ancora mezzo minuto poi Bàrnabo potrà tirare. Li potrà atterrare tutti; non hanno il minimo riparo né rimane una via di scampo.

In piena luce di sole, Bàrnabo li può distinguere bene: hanno vestiti vecchi e stracciati, fucili di diversa forma. Magri e patiti in faccia. Il primo avrà un sessant'anni con le spalle piuttosto curve. Non hanno l'espressione cattiva.

Sono quelli che hanno ucciso Del Colle, assalita la Polveriera. Ma tanti ricordi sono scomparsi. Bàrnabo, perfettamente tranquillo pensa a come sarà quel vecchio, rotolato giù dalle rocce, con la testa tra le ghiaie, tutta rossa di sangue. Vicino, uno qua uno là, i corpi dei suoi compagni, come neri sacchi deformi.

Per poterlo raccontare domani, per poter cantare vittoria. Per sé, Bàrnabo davvero non sente il bisogno di prendersi una vendetta. Quell'attimo di vigliaccheria è una cosa oramai lontana. Tanti anni sono passati, solo adesso se ne accorge. Gli tremerebbe anche ora il fucile, se ci fosse la paura.

Bàrnabo ha piegato lievemente la canna dello schioppo. Dietro la sagoma del mirino, egli scorge la testa del vecchio. Non sono più di dieci metri, sarebbe un colpo sicuro.

Il vecchio si è fermato e guarda in basso tenendosi con la destra alle rocce. Si volta e dice al compagno: « Ma io non vedo nessuno! ». Anche gli altri si sono fermati e senza pensare che Bàrnabo li spii dallo spuntone vicino, si accorgono che la Polveriera è deserta. Nessuno c'è ad aspettarli e tutto è stato portato via.

Non resta dunque nulla da fare. Bàrnabo immagina i nemici al ritorno, per la mulattiera della Valfredda, che discendono affamati, senza dire una parola. Ora Bàrnabo sorride, il suo dito ha toccato il grilletto, ha sentito che il ferro è freddo.

Silenzio. Il ronzio di una mosca, di quelle mosche della montagna. I minuti non passano mai, aspettando la fucilata.

Stavolta non è per paura, ma qualcosa si è davvero fermato, qualcosa è rimasto indietro insieme con la fuga del tempo. Bàrnabo, in silenzio ha un sorriso, il suo fucile si abbassa, le sue mani si sono allentate. Si sente un'aria felice, tra le crode inondate di sole. Lontani profumi della foresta. I quattro nemici ora sono immobili, sembrano aspettare qualcosa; chissà se erano stati poi loro a uccidere Del Colle o come lo avevano ucciso. È il loro ultimo ritorno. Stasera scompariranno per sempre, scendendo nella Valfredda. E le crode rimarranno più sole. Bàrnabo custodirà la Casa, tra le nere foreste, penserà alla grande vittoria che poteva toccar con le mani e invece ha lasciato andare.

Tutto sarà scomparso nel tempo, la sua stupida vergogna, la cornacchia, il Bersaglio, la partenza di Bertòn, e ogni mattina il sole tornerà a illuminare le crode. Verrà l'autunno, la neve, poi le canzoni di primavera.

A pochi metri sono i quattro nemici ch'egli potrebbe accoppare. Eppure Bàrnabo, immobile, pensa a quante inutili pene gli hanno riempito la vita. Pensa alla Casa nuova, deserta, alle sue cene tranquille, al lume della lanterna, ai giorni che si aggiungono ai giorni; gli pare persino di udire il vento che risuona tra gli abeti.

I nemici fanno ritorno. Adagio come sono venuti, ripercorrono la cengia. Bàrnabo li lascia andare. C'è una grande tranquillità mentre incomincia la sera.

Il cielo, prima di notte, si è voltato al cattivo tempo con densi strati di nubi. Tutto è rimasto quieto, attorno alla Casa nuova. Scricchiolii nei legni del tetto. Un calabrone che si ostina su e giù tra le erbe della radura. Deboli soffi di vento che sfiorano la foresta.

Un uccello si è poi messo a cantare al limite della spianata. Gli uomini sono giù al paese; sono dietro a giocare alle bocce, camminano per la piazza, chiacchierano tranquilli. Ogni tanto qualche risata.

L'orologio suona le cinque. Lo squillo della campana si allarga oltre il paese, si avanza attraverso i boschi, ma sempre più affievolito. Già prima della Casa nuova è stanco e si deve fermare, impigliato in mezzo ai rami.

Ecco Bàrnabo che ritorna. Si è rotto una specie di incanto, poco prima, tra le crode. Sono rimaste tutte sole, non ci son più briganti né spiriti, queste cose sono finite. Egli avanza con il solito passo, attraversa adagio la radura.

I suoi scarponi risuonano sulla soglia della Casa. Un ragno ha tessuto la tela nell'andito della porta; qualcuno forse credeva che Bàrnabo non sarebbe tornato, che fosse rimasto lassù, accanto a Del Colle e Darrìo, ucciso in mezzo alle ghiaie.

Spalancate le finestre per raccogliere la poca luce, Bàrnabo scarica il fucile, in cui aveva messo una cartuccia, e lo appoggia alla rastrelliera. Tutto come al solito. Nulla davvero è successo.

Poco dopo, come le altre sere, si può scorgere anche da lontano il riflesso del fuoco che tremola contro i vetri. Bàrnabo è seduto vicino alla fiamma. Il suo viso, rimasto in ombra, non si riesce a vedere.

La stanchezza, un po' di vino, e tanti pensieri che passano, nella notte del 25 settembre. Dopo tutto, non era meglio? Il fuoco continua a ondeggiare e i legni fanno degli scoppi. Forse, tra le crode, si è messo a nevicare, dev'essere un turbinìo lento, in mezzo alle nere pareti; ci dev'essere anche, in cima a una guglia sottile, il cappello di Del Colle, fissato con un chiodo. La neve ne ricoprirà le falde, facendo una bianca corona.

Bàrnabo non è andato a dormire. Lentamente passa la notte. Tra poco comincerà ad albeggiare, si vedrà una nuova giornata. La vita continua a passare, ininterrotta su tutta la terra.

Bàrnabo ha rialzato il capo come per ascoltare; è il suo cuore che batte oppure è il passo della sentinella fuori della Polveriera? È stanco, un po' addormentato, non riesce più a ricordare. Allora, come una volta, come nei tempi lontani, Bàrnabo prende il fucile e si avvicina alla soglia. Fuori c'è il grande silenzio e una pallida luce nel cielo tutto coperto. Le montagne sono nascoste ma si sentono vicine; sono immobili e solitarie, sprofondate nelle nubi.

«Bàrnabo delle montagne»
di Dino Buzzati
Oscar Narratori del Novecento
Arnoldo Mondadori Editore

Questo volume è stato stampato
presso Arnoldo Mondadori Editore S.p.A.
Stabilimento Nuova Stampa - Cles (TN)
Stampato in Italia - Printed in Italy